O
L
H
O
·
D
E
·
C
O
R
V
O

Signos 26

Coleção Signos Dirigida por
Haroldo de Campos • *Supervisão
Editorial* J. Guinsburg • *Assesso-
ria Editorial* Plinio Martins
Filho • *Produção* Ricardo Neves e
Adriana Garcia • *Revisão* Geraldo
Gerson de Souza • *Capa* Adriana
Garcia e Plinio Martins Filho

O
L
H
O
・
D
E
・
C
O
R
V
O

e outras obras de
Y i   S á n ᵍ
Organização
notas e tradução
YUN JUNG IM
Revisão poética
Haroldo de Campos

Esta publicação contou com o apoio de The Korean Culture & Arts Foundation.

Dados Internacionais de Catalogação na Publicação (CIP)
(Câmara Brasileira do Livro, SP, Brasil)

Yi, Sáng, 1910-1937.
Olho de corvo / e outras obras de Yi Sáng ;
organização, notas e tradução Yun Jung Im ;
revisão poética Haroldo de Campos. -- São Paulo :
Perspectiva, 1999. -- (Signos ; 26)

ISBN – 85-273-0196-2

1. Contos coreanos   2. Escritos coreanos
3. Poesia coreana   4. Prosa coreana   5. Yi, Sáng
1910-1937   I. Yun, Jung Im.   II. Campos, Haroldo de.
1929-   III. Título.   IV. Série.

99-290

CDD-895.7

Índices para catálogo sistemático:
1. Literatura coreana   895.7

BRASIL

$\mathfrak{f}OO$

A N O S

Direitos reservados à
EDITORA PERSPECTIVA S.A.
Av. Brigadeiro Luís Antonio, 3025
01401-000 – São Paulo – SP
Tel.: (011) 885-8388
Telefax: (011) 885-6878
1999

*E, sobretudo, a presença de um grande
poeta, a revelação do livro para mim, desde
já o meu poeta coreano moderno, o boêmio
e surrealista Yi Sáng, com poemas
experimentais surpreendentes.*

PAULO LEMINSKI
em Prefácio a *O Pássaro que Comeu o Sol
– Poesia Moderna da Coréia.*

SUMÁRIO

NOTAS SOBRE ESTA EDIÇÃO • 11

PRIMEIRA PARTE

CONTOS

Registro de Pânico • 21
Cabelos Curtos • 35
Aranha Encontra Porco • 45
Asas • 65
Conto de Encontro e Despedida • 89

ESCRITOS

Tédio • 99
Felicidade • 113
Paraíso Perdido • 117
Epitáfio • 123
Alguém aí me Acenda a Luz • 124

POEMAS

Sobre Olho-de-Corvo • 127
Poema n. 1 • 135
Poema n. 2 • 137
Poema n. 3 • 139
Poema n. 4 • 141
Poema n. 5 • 143
Poema n. 6 • 145
Poema n. 7 • 147
Poema n. 8 • 149
Poema n. 9 • 151

Poema n. 10 • 153
Poema n. 11 • 155
Poema n. 12 • 157
Poema n. 13 • 159
Poema n. 14 • 161
Poema n. 15 • 163
Notas • 167

SEGUNDA PARTE

A VIDA DE YI SÁN[G]

Notas Biográficas • 197

O QUE SE DISSE SOBRE YI SÁN[G]

Sobre os Textos Críticos • 209
Ao Organizar a Coletânea de Estudos de Yi Sán[g]
Kim Yun-shi[k] • 213
A Arte do Finado Yi Sán[g]
Tchwe Jé-só • 215
A Dissolução do Espírito Moderno Coreano
Jo Yón-hyón • 219
Teorizando Yi Sán[g]
Yi Ó-ryón[g] • 223
A Questão do "Encontro" em Yi Sán[g]
Kim Hyón • 233
Para os Leitores deste Volume
Yi Bo-yón[g] • 237

APÊNDICE

O Alfabeto Coreano, os Ideogramas Chineses e a Romanização • 245

NOTAS SOBRE ESTA EDIÇÃO

A pena é a minha última espada.

Escreverei romances. Estou dizendo que vou escrever romances escandalosamente monstruosos com os quais possamos nos gabar perante Deus da nossa felicidade.

YI SÁNᵍ[1]

Dentre os autores do nosso país, não deve haver outro exemplo de escritor que, sendo alvo simultâneo de apologias e críticas, tenha sido posto com tamanha assiduidade sobre a tábua da avaliação crítica quanto a de Yi Sánᵍ, pela sua peculiar força individual.

JO DU-YÓNᵍ

A presente coletânea é uma seleção de textos extraídos dos quatro volumes que compõem as *Obras Completas de Yi Sánᵍ* (Seul: Mun-haᵏ-sa-sánᵍ-sa)[2], de 1991. Mun-haᵏ-sa-sánᵍ-sa, uma das mais conceituadas editoras da Coréia, responsável pela tradicional publicação mensal *Literatura & Pensamento*, é a mesma que realiza, desde 1977, uma das mais importantes – senão a mais importante – premiações literárias, o Prêmio Literário Yi Sánᵍ. A publicação das *Obras Completas* do autor em 1991 marcou a homenagem aos 15 anos dessa premiação, que tem tanto revelado jovens talentos quanto consagrado escritores veteranos.

1. Sobre a questão da romanização, ver Apêndice. No caso do sobrenome Yi, é possível encontrá-lo na forma de Lee, Yie, ou ainda, Rhee. Além disso, os nomes pessoais neste volume serão grafados na seqüência sobrenome-nome, como se usa na Coréia. A pronúncia do nome Yi Sánᵍ, em português, é algo como *i-sám*, com o "a" aberto, sem nasalização.
2. Traduzindo, Editora Literatura & Pensamento. Os quatro volumes são, respectivamente: Vol. I – *Poesias* (org. e notas Yi Sünᵍ-hun); Vol. 2 – *Prosa* (org. e notas Kim Yun-shiᵏ); Vol. 3 – *Crônicas* (org. e notas Kim Yun-shiᵏ); Vol. 4 – *Coletânea de Estudos Críticos* (org. Kim Yun-shiᵏ).

É preciso, porém, esclarecer alguns pontos com relação aos prêmios literários na Coréia. Assim como o prêmio citado, há várias outras premiações concedidas anualmente pelos principais jornais e editoras. A modalidade por excelência para se concorrer é o conto, pois, embora existam premiações para poesia e crítica, é o conto que goza de maior reputação. A competição é aberta a todos os candidatos, de aspirantes a escritores já premiados e em plena carreira de sucesso.

É difícil precisar desde quando se instituiu a prática, mas ser premiado em qualquer um desses concursos dá ao autor o direito público de se chamar "escritor": é o ritual de passagem conhecido como "introdução no meio literário". Quando se diz "sou escritor", a pergunta mais provável não será "qual foi o livro que você publicou?", mas, sim, "qual foi o prêmio, e quando?" Obviamente, existe toda uma hierarquia de importância dessas premiações, ainda que não oficialmente, mas não seria exagero afirmar que o Prêmio Yi Sán[g] é, provavelmente, o mais cobiçado, por conta da excelência da editora. Quando o romancista Kim Won-il foi contemplado com o primeiro lugar, em 1990, escreveu:

Encontrei-me com a obra de Yi Sán[g] pela primeira vez no terceiro ano colegial. Eu, que era um sonhador, tímido ao extremo e com uma boa dose de "autismo", dizia gostar de sua poesia hermética apenas como ostentação, mas o conto *Asas* fez com que eu me apaixonasse por completo.

Quando, em meio à pobreza miserável do pós-guerra e fustigado pela vida, eu só sonhava com o suicídio, aquela imoderada liberdade e transgressividade causavam-me inveja. A insípida vida de toupeira do personagem de *Asas* e sua inocência imbecil eram-me por demais familiares, e era como se tivesse encontrado um camarada [...] eu era um ser humano inferior, doentio e fraco, amedrontado e apequenado, sem saber encontrar saída nessa feira da competição pela sobrevivência. Eu também era filho mais velho de uma mãe sozinha responsável por uma família de seis. E Yi Sán[g], que em sua breve vida perambulou, chocando-se pela esquerda e trombando pela direita, na época sombria do domínio japonês, ostentando uma desfigurada coroa de cabelos desalinhados, sapatos brancos e apoiado numa bengala, e que finalmente desistiu de viver aos 27 anos, era, para mim, um príncipe de um mundo de encantamento.

Por outro lado, ocupado que estava em desvencilhar-me dos olhares expectantes que me cobravam responsabilidades, eu anelava por aquele personagem, acreditava que, se eu também tivesse alguém em quem escorar-me, como o personagem, aceitaria agradecido aquela vida às avessas, aquela vida subterrânea.

Eu, que, sem coragem para tanto, vivia sonhando com o suicídio somente na imaginação, resolvi adiar este sonho depois que me encontrei com Yi Sán[g]. Por mais que a vida me seja dolorosa, vamos experimentar viver ao menos até a idade de Yi Sán[g], pensei. [...]

Este depoimento emocionado mostra o grau de militância daqueles que entram na "caixa"[3] Yi Sán[g], poeta que conheceu a maledicência em igual proporção aos louvores. Em sua breve vida, deixou uma marca indelével na literatura coreana do século XX com uma obra sem precedentes e sem posteridade, insuperada ainda hoje, 60 anos depois de sua morte, quanto ao radicalismo experimental e à dilacerada contundência.

Acusado de "delírios de um demente", a sua poesia – o *Olho-de-Corvo*, publicado em 1934 – foi tão repudiada quanto aplaudida num meio literário em que o engajamento era um imperativo, quando não ideológico, cultural, para um povo que vivia a espoliação da pátria pela ocupação japonesa (1910-1945). Qualificações como "aberração", "demência" disputavam com "genialidade", "excepcionalidade", e os seus admiradores eram tidos como "insolentes pretensiosos" que fingiam entender aquilo que era incompreensível. A comunidade crítica, estatelada, não podia ignorá-lo diante de uma parcial acolhida calorosa, e nem por isso estava pronta para recepcionar com apreço uma obra tão anômala. Somente com a publicação de contos, dois anos mais tarde, em 1936, é que Yi Sán[g] se faria entender um pouco melhor, obtendo uma certa simpatia mesmo de seus críticos. Mas sobrava-lhe muito pouco tempo. Em apenas um ano estaria morto.

A sua obra sobreviveu, a despeito da alegada ininteligibilidade, pela fidelidade dos leitores e amigos escritores, seduzidos e devotados. E foi assim que esse projetista, formado em colégio técnico, aspirante a pintor de início, com apenas cinco anos de produção literária e com todos os requisitos para o esquecimento, acabou por ocupar um lugar único na literatura coreana, atraindo paixões de toda a sorte: "o sofrer junto, experimentar junto, simpatia, sentir junto; antipatia, sentir contra"[4].

---

3. O nome Yi Sán[g], adotado pelo autor aos 23 anos, significa, literalmente, "caixa". Para maiores detalhes sobre este nome de guerra, refira-se às Notas Biográficas, p. 197.

4. Paulo Leminski, "Poesia: A Paixão da Linguagem", *Os Sentidos da Paixão*, São Paulo, Companhia das Letras, 1988, p. 286.

Mas tudo indica que sua repercussão não irá parar aí. No artigo intitulado *Poesia a Oriente*[5], Haroldo de Campos, falando desse "surpreendente poeta (e também prosador), cuja vida foi precocemente truncada pela tuberculose e pelo *dérèglement* boêmio", observa:

De sua importância, diz o fato de ter sido incluído no volume inaugural da antologia de Jerome Rothenberg e Pierre Jonis, *Poems for the Millennium* (1995), um empreendimento ambicioso, caracterizado pelo propósito de dar uma visão abrangente da poesia do século XX, com ênfase especial nas contribuições inovadoras procedentes das mais variadas literaturas. Segundo Walter K. Lew, excelente tradutor do poeta para o inglês, a obra produzida por Yi Sán[8] em sua breve carreira permanece, não obstante, mais de meio século após sua morte, insuperada pela de qualquer outro autor coreano, no que tem de "impetuosa experimentação", em sua linguagem marcada por "estranhamentos formais" e pela "rebeldia".

Foi Paulo Leminski quem lançou a semente, como no provérbio "a palavra se torna semente", ao chamá-lo "meu poeta moderno coreano"[6], empatia previsível por se tratar de duas almas libertárias assumida e radicalmente marginais, no sentido descrito pelo próprio Leminski:

A poesia, ela traz consigo esse caráter assim meio de, como é que eu vou dizer? Uma coisa meio masoquista. Você se dedicar dez anos a vender banana, montar uma banca para vender banana ou repolho, você vai ganhar muito mais do que fazendo poesia. A poesia não te dá nada em troca. Chego, às vezes, a suspeitar que os poetas, os verdadeiros poetas, são uma espécie de erro na programação genética. Aquele produto que saiu com falha [...] o poeta seria, mais ou menos, um ser dotado de erro, e daí essa tradição de marginalidade, essa tradição, moderna, romântica, do século XIX para cá, do poeta como marginal, do poeta como bandido, do poeta como banido, perseguido, enfim, em condições, digamos, socialmente adversas, negativas[7].

O presente volume é a germinação dessa semente, agora sob o signo da tradução poética, da poesia "marginal" numa tradução que opera, no caso, entre duas línguas "marginais". Leminski mais uma vez:

---

5. Jornal de Resenhas, *Folha de S. Paulo*, 14.3.1997, p. 8.
6. No prefácio póstumo de *O Pássaro que Comeu o Sol – Poesia Moderna da Coréia*, trad. Yun Jung Im, São Paulo, Arte Pau-Brasil, 1993.
7. Paulo Leminski, "Poesia: A Paixão da Linguagem", *Os Sentidos da Paixão*, São Paulo, Companhia das Letras, 1988, pp. 284-285.

Vocês já imaginaram a desgraça que é escrever em português? *Sometimes, I wonder*. Quem é que sabe português nesse planeta, fora Brasil, Angola, Moçambique, Cabo Verde, Macau? [...] Então, de repente, alguém diz: o maior poema do século XX é um poema épico incrível escrito por um basco. Em que língua? Escrito em basco! Ninguém vai tomar conhecimento do poema, esse cara dançou. Ele deveria ter escrito esse poema em inglês, em russo, em chinês, uma coisa que tivesse uma melhor cotação no mercado internacional. Então, você é vítima sobretudo do *pedigree* histórico, e isso não depende de você. [...] Não adianta bater com a cabeça na parede, chorar, etecétera, não adianta despacho, nada, nada, nada vai resolver. Isso é um trabalho assim que é a história. O artista sozinho, os artistas não podem resolver, a gente já nasce numa língua periférica, escrever uma coisa em português e ficar calado mundialmente é mais ou menos a mesma coisa. [...] Como é que você pode alterar isso? [...] Nós, poetas, escrevemos numa língua que é mais que basco, mas é menos que espanhol, convenhamos, em nível planetário é. [...] Eu acho, é possível uma atitude que devolva isso, uma atitude que eu chamei de sádica quando o sujeito começa a devolver os golpes. E essa atitude estaria, mais ou menos, ligada à idéia de experimental, de invenção ou de vanguarda, como se queira que seriam aqueles modos de ser artísticos já codificados no século XX, o modo de ser específico do século XX. A vanguarda é o classificado do século XX. Esses modos seriam modos subversores, modos nos quais o erro, por exemplo, passa a ser incluído e englobado como fator de criação[8].

Quem sabe a tradução não seja também uma "atitude sádica", ainda mais quando se trata de uma língua periférica para outra? Leminski continua:

você pode partir uma palavra pelo meio. Pega a palavra fragmento, joga fora a parte mento e dá nome prum livro de Frag. [...] você partiu a palavra, tirou um pedaço dele e transformou um fragmento num frag. E assim por diante com tudo aquilo que foi feito, não só pela poesia dita de vanguarda, concreta, subversão no espaço, a subversão na colocação na página, mas a subversão interna também[9].

Se lembramos que a alma subversiva de Yi Sán[g] teve de suportar o rótulo, usado em sentido pejorativo, de "ego fragmentado a produzir cacos de poesia", será fortuita a convergência?

E por que não entrar no espírito fragmentário dos dois e olhar de perto os ideogramas chineses para "tradução" – 飜 譯 ?[10] Verificamos com

8. Paulo Leminski, *op. cit.*, pp. 288-289.
9. *Idem*, p. 289.
10. Esta é a forma utilizada na Coréia e no Japão. Na China, usa-se somente o segundo ideograma. Sobre a relação entre a escrita coreana e os ideogramas, refira-se ao Apêndice.

surpresa que o primeiro ideograma significa "farfalhar, voar, subverter, derrubar, virar" – será a idéia de que tradução é traição? – , um ideograma composto de "vez: 番" e "vôo: 飛". O segundo ideograma, também composto, contém as idéias de "palavra: 言", "rede: 皿" e "boa fortuna: 幸". Um verdadeiro poema condensado! A tradução como a felicidade de uma palavra original que encontra a sua vez para voar... Mais surpreendente, o dicionário etimológico de ideogramas explica a "boa fortuna" como "fugir da morte quando jovem é boa fortuna"... Não perecer, não calar, viver muito, sobre-viver, eis a boa fortuna na imaginação lingüística ideogrâmica. Yi Sán[g] morreu jovem, mas, curiosamente, a obra que o consagrou se chama *Asas*...

YUN JUNG IM

PRIMEIRA · PARTE

• C
O
N
T
O
S
•

Registro de Pânico
Cabelos Curtos
Aranha Encontra Porco
Asas
Conto de Encontro e Despedida

REGISTRO DE PÂNICO

Prólogo

Cotidiano, sei muito bem que desde há muito já não possuo um cotidiano. Em breves fragmentos, "algo como um cotidiano" vem à minha busca, mas este é somente um bizarro fantasma chamado "dor". Não importa quanto procure, não há ninguém, um único sequer, que possa compreender isso.

Mas não é que por vezes eu não sonhe em recuperar, por qualquer meio que seja, a garra pelo cotidiano. E é por essa razão que continuo em compasso de espera sem ter cometido suicídio até o dia de hoje – é assim que eu gostaria de falar, na verdade.

Por mim, acredito que depois da segunda hemoptise[1] eu tenha compreendido o conceito, ainda que vagamente, da duração da minha vida.

Mas no dia seguinte discuti com minha tia e, abraçando este meu braço de 125 pulsações, envergonhei-me do meu apego material. Chorei a plena garganta. Chorei feito criança.

Deve ter sido bem feio aos olhos alheios. Após algum tempo compreendi por que eu chorava e logo parei com o choro.

Não pretendo falar honestamente do meu estado emocional de ultimamente. Não posso falar. É porque, ainda que eu seja um estropiado monte de cicatrizes e feridas, resta-me ainda um pouco do gosto pela nobreza. No entanto, para falar bonito aos ouvidos alheios, posso dizer que o meu estado mental foi mudando, e tendo parado totalmente de desprezar a mim mesmo, passaria agora, ao invés, a me envergonhar de mim. Pelo menos, é verdade que estou perto disso.

---

1. O autor sofria de tuberculose, motivo de sua morte precoce.

Herança Infeliz

Ao chegar abril, recobrei alguma força para me movimentar. A freqüência das hemoptises espaçou bem e a quantidade de sangue também diminuiu bem. Mas quando um ar abafado entrava no quarto escuro e se combinava mornamente à morna temperatura do corpo, o cansaço parecia muito maior do que durante o inverno, de um modo que não me restavam forças nem para erguer o braço. Quando, tomado de ânsia, saía do quarto assim que o sol batia no tablado[2] e me sentava a fitar bobamente na direção do galinheiro, não que eu quisesse olhar, mas é que de lá se via mais ou menos a metade dele, e minha tia infalivelmente ficava se espichando defronte dele, quase abraçando a cerca. Enquanto ela espreitava as galinhas ainda muito novinhas para botarem ovos, isso parecia aos meus olhos uma odiosa mãe de olho na sua própria filha, pensando quando é que essa coisinha vai crescer e dar frutos?

É claro que penso que isso não está correto. Olhe bem o rosto da sua tia e veja onde é que ela parece tão detestável assim. Testa larga, uma fileira de dentes bem uniforme, um nariz adequado, e um brilho nos olhos que, se o meu tio fosse vivo, ainda irradiaria, e muito, uma ternura sensual, enfim, parte por parte, são todas elas coisas que me agradam, mas não sei por que a reunião de partes que me agradam e que redundam na figura da "minha tia" desperta em mim pensamentos de ódio.

É claro que isso não está certo. É, sem dúvida, uma doença minha. Com certeza, isso se deve ao longo longo hábito de detestar pessoas que, de entrelace em entrelace, acabou afinal dando nisso. Mas, se eu começar a odiar até os meus parentes, aí é que não vou ter mesmo lugar nenhum onde me apoiar nesse mundo! Coisa triste!

Devem ser esses vãos devaneios que espicaçam repetidamente a minha doença, que poderia já estar curada. Atormentava-me dizendo a mim mesmo que deveria manter o coração tranqüilo e também dócil, mas esse atormentar-me acabava convertendo-se num peso redobrado, de modo que preferi forjar um estado de não-alerta e me convidei a ficar olhando só para

---

2. A conformação de uma casa típica coreana é 凹, com um tablado no centro, estando a casa toda suspensa numa altura de cerca de meio metro com um vão na base.

o teto quando dentro do quarto e só para o céu quando saía, mas mesmo assim não havia um modo de deter todo aquele sentimento de ódio a tudo, que parecia girar ao meu redor como enormes flocos de nuvens assomando.

Choveu umas vezes. As plantas devem estar prestes a dar brotos. A superfície do chão que vejo ali embaixo vai tomando ares seriamente suspeitos. Quando em dias calmos sem vento sento no tablado e pego na mão um solzinho que bate ali, é muito quentinho mesmo. Com um solzinho quentinho assim e o corpo tão entorpecido assim, por que motivo tenho de odiar justamente as pessoas e só a elas?

Acho que as pessoas teriam motivos para não gostar de mim, na verdade nem eu gosto de mim. Será possível a um ser humano desses que nem sabe amar a si mesmo saber olhar pelo outro? Não tem como. Pois então, é, sou realmente um infeliz.

Quando começo com esses devaneios, não têm mesmo fim. Por isso me canso, e mesmo não gostando de me cansar, devo me movimentar. Saio para o pátio arrastando o trapo do velho sapato e vou até o galinheiro escorado num canto do muro.

Não sei se assim eu pretendia desculpar-me dentro de mim com a minha tia. Mas, e essa agora? Mas por que ela faz uma coisa dessas? – ela, ao me ver ali, volta ligeira para dentro. É por isso que digo que as coisas não dão certo. Como a altura do galinheiro bate um pouco abaixo do meu queixo, apóio o queixo na trave de madeira e fico olhando para dentro do galinheiro. O cheiro é daqueles, mas, acima de tudo, sinto uma pena de matar do galo. Excitado em vão até o topo da cabeça, com as penas do pescoço todas em pé, arfa-que-arfa na maior arruaça. Deve estar, parece, querendo perfurar a grade no meio do galinheiro e vir para o lado onde estão as galinhas, coisa que, se fosse gente, já teria entendido que não dava jeito e desistido a esta altura, mas esse bicho aí tem um gênio e tanto.

Às vezes ele não quer nem saber e enfia a cabeça num buraco aberto na grade de ferro e entala; aí então fica esganiçando de olhos apertados até conseguir, a muito custo, sair, e quando então penso que agora ele desistiu, que nada, continua a mesma coisa. Eu, já farto da tenacidade desse traste, tenho ora um súbito acesso de cólera, seu imbecil, seu tonto, seu imbecil, seu tonto, ora sinto inveja ímpar daquele frenesi enlouquecedor e até penso que merece a minha admiração, de modo que fico a observá-lo atentamente.

Mas, se a gente olha para as galinhas, elas não estão neeeem aí. Nem tomam o menoooor conhecimento, absortas somente em catar comidinha do chão. Aha, é por isso que aquele galo ali só pode ficar cada vez mais zangado! e fico exasperado com essas galinhas tão chatinhas. Até eu acabo ficando um pouco bravo em vão pensando pô que coisa elas poderiam também de vez em quando lançar umas olhadelas para o lado do macho! O galo continua se digladiando, nem pensa em catar comidinha, nem fome parece que sente.

Daí, resolvo observar um pouco melhor para ver, afinal de contas, em qual dessas três galinhas é que o galo está de olho. É lógico que, como a crista desse traste do galo balança sem parar, é difícil discernir somente tendo em conta a direção do seu olhar. Por isso, resolvo tentar contemplar as galinhas com olhos, assim, de um homem normal olhando para uma mulher.

À primeira vista, parece difícil, com olhos de gente, distinguir o rosto dos animais assim como se distinguem as pessoas, fulano, sicrano, mas também não era tão difícil assim. Olhando bem, cada uma tinha características que lhe eram peculiares e temperamentos diferentes uma da outra. Essas três galinhazinhas tão alegres, que pareciam à primeira olhada iguaizinhas, são todas bem diferentes depois de observadas por um tempo.

Dentre elas, saltou à minha vista uma galinha atarracada, olheiras negras, depenada aqui acolá, suja e cheia de terra. Uma pose de chatinha das chatinhas, tem todo o jeito de ser ardidinha como uma pimenta. Olhando assim, esta parecia ser realmente a tal, pois enquanto bicava a sua comidinha ia lançando de quando em quando olhares oblíquos para os lados, como uma fêmea lasciva. Sinto um impulso vão de pular sobre ela e lhe atirar um punhado de areia, mas tenho preguiça de dobrar a minha cintura. E que alvoroço desse macho que não entende nada!

Melhor mesmo é não pensar em nada. Se mesmo na vida dos galos há infelicidades admiráveis como esta, imagine se eu, vestindo a máscara humana, deixaria de ter inúmeros estorvos. Fiquei a me comparar e me comparar ao coitado do galo e volto a arrastar o trapo do sapato velho.

Sem vento, o dia está bem quentinho mesmo. As árvores devem estar prestes a dar brotos.

O que será que acontece para que o meu rosto esteja tão pálido desse jeito? atormento-me...

E a isso os meus vagos-vastos conhecimentos médicos diagnosticaram – vermes intestinais.

Mas esse diagnóstico tem um histórico profundo. Se não forem vermes intestinais, serão vermes duodenais – se não forem vermes duodenais, serão tênias – nessa seqüência.

Se o remédio para vermes intestinais não funcionar, tomo remédio para vermes duodenais; se o remédio para vermes duodenais não funcionar, tomo remédio para tênia, e se o remédio para tênia não funcionar... bem, ainda não estudei possibilidades posteriores.

Escolho um dia bem desagradável, e para começar, ingiro o ácido para vermes intestinais numa única dose cavalar.

Eu sei. Também que tenho de jejuar por duas refeições, e também que depois da ingestão do remédio desfalece-se infalivelmente.

É plena tarde. Estendo os lençóis e me enfio fundo nas cobertas – estiradaço ali dentro, penso, que venha! e fico a esperar o tal do desfalecimento chegar.

A espera é algo sempre angustiante, o ouvido reconhece o som do estômago que borbulha, – verifico, será que essas suas orelhas não estão ficando mesmo tortas? – e a uma simples coceira na cintura fico tenso, penso aha esse negócio aqui é o tal do desfalecimento.

Contudo, o triste é que até o fim do fim acabei não desfalecendo.

Bateram três horas e ainda continuo na mesma. Acabei ficando nervoso. Longe de desfalecer estou é numa lucidez cintilante. Não pode ser.

Mas nem por isso estou afim de ir logo tomando remédio para vermes duodenais. Fico espantado comigo mesmo pelo tão disparatado diagnóstico e, além disso, tenho preguiça e dó do esforço a ser despendido em busca do tal remédio.

Um sentimento de desgosto assoma como flocos de nuvens. Se continuar desse jeito, vou é acabar brigando novamente com a tia que no momento está preparando o jantar – pouco depois, saio para a rua com riso bobo sem mesmo ter colocado o chapéu.

Assim que botei os pés no café, Su, que estava justamente saindo, mostrou-me a palma da mão.
– Sshh – a sua esposa está aqui.
Eu fiquei de cabelo em pé.
– Ha! Veja só...
e ia já entrando de sola mas Su me segurou de todo jeito.
– Onde é que você vai, tenha vergonha, vai é passar o maior vexame na frente de um monte de gente sentada ali!
– Ah é assim?
Acabei dando meia-volta, mascando um gosto amargo na boca birrenta, mas queria dar uma olhada mesmo que fosse de longe.
Ela vestia roupas forradas de algodão quando saiu e agora a estação está para roupas leves, de modo que já deve estar fazendo uns quatro meses.
Essazinha me abandonou. Esse o fim de tê-la amado demais durante três anos. Tenho vontade de meter-lhe uma bela bofetada na cara. Tenho vontade de dar-lhe uns berros. Mas aqui é um café onde, dentre os freqüentadores, não tem um que não conheça a minha cara. Ia ser mesmo um papelão e tanto.
– Ela disse que precisava te dizer algo sem falta quando te encontrasse.
– O quê?
– Disse que tomaria uma atitude definitiva.
– Ah é mesmo?
Demonstrei grande surpresa e fiquei sorrindo como o Raymond Harton[3]. "Esposa – mulher", essas palavras estavam dando coceiras na cintura como uma sonequinha. Essa "imagem" já ia longe atravessando um mar distante. Não é que já se ouvia até o barulho das ondas? A imagem de mim que surge nessas visões veste sempre um *rubachka*[4] todo brilhante e tem um ar decadente. É uma figura pálida como a de um menino e ao

---

3. Ao que indica, é nome de ator.
4. Camisa de inverno usada por russos.

mesmo tempo medonha. Às vezes chora. E às vezes anda por encruzilhadas de um país longínquo desconhecido.

Arrastado por Su, fomos até o Rio Han[5]. Alugamos um barquinho de madeira, carregamos cerveja e subimos o rio até a ribanceira de Don^g-Jak-li, onde procuramos um boteco de rua e bebemos até nos embriagar. O horizonte no crepúsculo se compunha com a paisagem como o bruxuleio de pássaro em pleno vôo e eu cambaleando sem saber aonde buscar apoio para esta vã tristeza.

– Hum – Agora que já se passaram quatro meses? O que você tem a me dizer? Arre, dá nojo, nojo!

– O que é isso? Larga disso, não seja bobo.

– Nãaaao, naaaão, só estou dizendo que é assim, mas como pode haver umazinha tão audaciosa assim?!

– Tô falando, deixa pra lá, deixa pra lá.

– Tá, deixar vou deixar pra lá, mas já que começamos vamos falar, né? e você não acha que é natural que se fale desse jeito? é isso que eu quero dizer.

– Mas que imbecil, nunca vi um imbecil que nem você! Arre!

– Por mais que a mulher seja a coisa mais dura que existe, como é que pode virar as costas assim como se tivesse cortado com uma faca? é isso!

Quanto a nós, a bebida nos salvou. Quanto a mim, eu não tinha mesmo como viver sem bebida.

Bebemos mais em Nodül. É porque precisávamos nos embebedar feito portas, perder totalmente a consciência.

Quatro meses – o coração que fervilhava sem fazer jus à condição de macho finalmente começara pouco a pouco a se aquietar, mas o que é isso agora? voltar como se fosse um cartão-postal todo cheio de sujeira e marca de dedos!?

"Sua, sua, sua... com que cara você...?"

Eu vociferava irado a plenos pulmões a zombar de mim mesmo, mas a verdade é que não havia como dar conta desse coração sem outra qualificação possível a não ser tolo que por lei própria tombava como tomba uma imensa árvore machadada na base.

---

5. Rio que corta a cidade de Seul horizontalmente, de ponta a ponta.

Quatro meses – tempo nada curto de modo algum. Se uma esposa trai a confiança do marido, sai de casa e fica quatro meses em silêncio quietinha quietinha sem dar notícias, essa esposa perdeu a competência para ter o perdão dele e o marido não deve perdoá-la, mesmo que tenha de engolir em seco.

"O que é que você vai fazer contra essa regra pública universal?"

Ou será que ela está pretendendo voltar e de fato cumprir de bom grado toda a pena imputável?

Qual é o ponto em que se deve agarrar para confiar numa mulher? Eu já não mais conseguia sequer discernir.

Aquilo que era chamado mulher parecia aos meus olhos, todas elas em conjunto, uma só, nenhuma que passasse de uma coisinha perversa depravada infinitamente frívola leviana.

Eu, que perdera num só lance o sentido peculiar a um ser biológico, eu, que diferença tinha de um eunuco? Para mim a vida não passava de uma "vaia", já além da conta do que era necessário.

Isso não era simplesmente pelo motivo ínfimo de ter sido traído por uma mulher, mas tratava-se de um escurecimento total do horizonte em relação ao "ponto" das coisas a adotar como sustentáculo dessa mecânica chamada confiança.

"Acreditar? Acreditar como?"

Eu estava patético arrastando passos totalmente confusos cuspindo a torto e a direito tchô aqui tchô ali. Depois que bebia um gole, um só que fosse, todos os nervos do corpo – aduladores do coração – entravam prontamente em ação e sempre ousavam desejar e desejar que um desastre da natureza caísse um raio sobre este meu corpo.

"Maldição! Antes tivesse me espatifado atropelado por um caminhão de carga, teria me poupado ao menos desta vida de mormaço!" – assim fico murmurando feito um desmiolado. Mas quanto à habilidade em me safar destrambelhado caso o tal caminhão de carga despencasse tchantchán sobre mim, não se podia dizer que eu fosse mais rápido do que qualquer um neste mundo, mas chegava perto disso. Nessas horas, punha a língua beeeem pra fora, enganando a mim mesmo como de costume, dizendo que eu estava era fazendo troça de mim mesmo.

Quatro meses assim...

Depois de passados quatro meses assim, quando já conseguia mal e mal considerar o sonho tolo mais ou menos como um mero sonho tolo, eis que a esposa aparece na figura de um vil tirano retrocedendo no sonho a passos rudes.

O que é que eu faço agora? O temor era uma imensa rocha abatendo-se sobre mim transformada num enorme ônus de ar e fôlego. Talvez eu devesse dormir feito um trem noturno.

Uma carga sórdida

Consegui ao final encontrar a casa.

Olhei para dentro. Apenas o vidro da entrada com uma camada de cola refletia o *highlight* do meu rosto enegrecido. É claro que não dava para ver nada.

Jogo-me ao chão e sento ali mesmo. Bem ao meu lado, um cachorro escava a terra. Deita. Põe a língua para fora. Com a língua balançando feito uma bandeira, parecia muito cansado.

"Um quarto aquecido e 'quarto duplo'."

É o que diz. Estava bem fechado, com pregos. Os ratos entrando e saindo apressadamente não me transmitiam coisa alguma sobre esta casa.

Os músculos do rosto pareciam subitamente amarfanhar-se. Acho que estou perdendo peso. Acho que a gente perde e ganha peso assim várias vezes num só dia.

"Acho que vou baldear pra cá! Toda aquela enorme carga cheia de detritos!"

Havia uma plaquinha de madeira[6] com o letreiro "Artista Plástico", pendurada como se fizesse uma reverência, e ao lado, espetado, um pequeno cartão de visita. Han qualquer coisa, conta de luz favor vir receber na rua tal número tal (mentira!). Esse sujeito chamado Han qualquer coisa também deve ter vagueado muito aqui ali arrastando a enorme carga cheia de detritos – e onde é que fica essa tal rua?!

---

6. Era comum uma casa coreana ostentar uma plaquinha de madeira com o nome do chefe da casa.

(Mentira!)

Por que é que as pessoas estão incumbidas da responsabilidade mísero-malfadada de ter que transportar o enorme peso chamado carga de mudança? Tentei dar a volta em direção aos fundos da casa. Mas parece que a rua dava para o fim do quarto aquecido. Uma cozinha minúscula e escura estava colada, frente a frente, ao banheiro. Fiquei sem fala. Ali também tudo fechado com pregos. Fiquei sem fala.

Fragmentação de personalidade, por que motivo? A minha dignidade ficou sendo tão importante quanto a minha própria vida. Deixei também crescer um farrapo velho de barba. Ruas. Chão.

Nunca sequer passou pela minha cabeça que a minha esposa não me amasse. Quando me dei conta, eu era um nobre crisântemo num instante transformado em um naco de bucha. A esposa me deixou. Não há como achá-la.

Fico olhando para dentro do sapato da minha esposa. Barriga vazia – um vazio de desesperança parece zombar de mim. Estava ofegante.

O que veio depois disso, mesmo?

Penúria – quanto aos detritos importantes, os meus familiares os foram levando um a um. Apenas os detritos especialmente sujos, sem valor comercial, ficaram restando como se fossem uma colônia de bactérias daninhas.

Um dia, o garoto pródigo experimentou voltar para casa, considerando esse fenômeno horripilante chamado casa a sua casa. No jardim, somente flores abertas, todas perfumadas. Algumas até tinham dado frutos vermelhos. Mas os familiares estavam cabalmente metamorfoseados, e era um praguejar só, a altos brados.

Fiquei calado de cabo a rabo.

Porque já havia chegado o fim de tudo. Sozinho desço ao pátio do tamanho da palma da mão, e fico olhando ao redor. Não há nenhum objeto que não tenha marcas de sujeira da minha mão.

Queimei os livros. Queimei as cartas guardadas. E queimei o resto das minhas lembranças.

Os familiares não ficam, assim, me perguntando sobre a minha esposa. Nem eu falo.

À noite, perfurava as ruas feito um fantasma neurastênico. Nunca tinha um destino. Somente a barriga vazia conseguia me comandar. Fragmentos de personalidade – eu nem em sonhos queria olhar para eles. De vazio em vazio, corria, cavalo enlouquecido. Começou a bebedeira. A bebida resplandecia como perfume dentro do meu corpo.

O braço direito flagelava cruelmente o braço esquerdo e o braço esquerdo, o direito. As asas se partiram e restaram marcas azuis de hematomas.

Muito cansado. Não me moveria nem que me dessem um palácio. Acho que vou ficar nesta casa mesmo.

"Preciso carregar as coisas rápido para cá. Eu, vômito de sangue, devo carregar aquelas carnes fedorentas na velha carroça como se fossem trapos de pano de chão e transportá-las para cá."

É trabalho braçal. Para mim não havia sequer uma nesga de tempo para pensar.

A realização da infelicidade

Vi galos. Vi também cachorros. Ouvi também histórias sobre bois. Vi também desenhos de ilhas estrangeiras. Mas eu não pretendo emprestar a vocês essa chave da sorte. Se não fosse por mim – veja, veja quanto tempo levou – isso aqui não se teria produzido.

Simplesmente sentado no chão de pernas cruzadas, não entendo como isso pode me cansar tanto desse jeito. A parede é maciça, mas o vento é ardido, e o teto balança e farfalha feito um chapéu de verão, como que pronto a se destampar e delatar o que este quarto esconde. O chão, ou é gelado de entorpecer os ossos ou ferve de fazer a gente saltitar sem saber o que fazer[7].

O papel colorido colado no velho baú[8] parece uma bomba que se vê com os olhos.

---

7. O sistema de calefação tradicional coreano está relacionado com o tipo de construção das casas (ver nota 2, p. 22). No vão entre o chão e a base da casa havia compartimentos onde era colocado carvão incandescente para aquecer o piso no inverno. Um piso que esquenta demais e esfria facilmente demonstra a situação de uma casa antiga, de instalações precárias.

8. Um móvel tradicional tipo baú dividido em duas partes: enquanto a metade inferior é feita de gavetas, as quatro paredes da metade superior pendem para baixo, fazendo abrir o armário para os quatro lados.

Mais magro anteontem do que trasanteontem e mais magro ontem do que anteontem e mais magro hoje do que ontem e mais magro estarei amanhã do que hoje – eu acabarei então, ao final de tudo, uma caveira toda esburacada.

De que jeito vou alimentar todos esses pobres animais? Eu caído no chão pródigo devotei-me ao "pecado" infinito (dedicação exclusiva). "Pecado" – escuto o outono no som do riacho. Procuro algo com que encher este peito destampado. E consolo a mim mesmo. Que fique quietinho, que fique quietinho –

Mas, finalmente, sem poder agüentar mais, num dia melancólico de repentina chuva outonal, vendi o braseiro e comprei panela, vendi a panela e comprei fogareiro, vendi a geladeira e comprei faca de cozinha, e vendi louças de vidro e comprei louças de porcelana.

Quatro pedaços de parede nada familiares envolveram sufocantes a mesa posta do primeiro jantar quentinho. Seis *wons*[9] – para poder viver os seis *wons* de vida até o fim, não fiquei me levantando do chão para qualquer coisa. Ou ficava indefinidamente sentado parecendo uma mobília ou estirado feito uma viga de madeira. Ora fiquei colocando carvão sem parar para não esfriar o chão, ora fiquei sem colocar um fiapo sequer de folha seca no *agumji*[10] por quatro dias, indo já para o inverno, como se dissesse vamos ver até onde se pode gelar esse chão[11] aí.

Apaguei o meu endereço da cabeça dos meus amigos. Melhor, apaguei até os meus trajes, desbotando-os a um ponto de alvura invisível. As refeições que eu fazia discretamente se difundiam diligentemente por este corpo nascido preguiçoso. O resto dos nutrientes gerava sujos tufinhos de barba em minha pele. Peguei as minhas leituras, dobrei-as pontualmente em aviões de papel, carreguei-os com o auto-abandono e pus todos a voar, como uma criança.

E que me façam a gentileza: que ninguém não me venha aqui. Não chamem o meu nome. Periga de eu ficar destemperado como um peru. Eu

---

9. Moeda coreana corrente até hoje.

10. Referência ao sistema de calefação: *agumji* designa a boca, na base de sustentação da casa, por onde se coloca o carvão incandescente.

11. O sistema de calefação citado está diretamente ligado ao modo de vida: as principais atividades como comer, dormir e sentar-se eram feitas todas no chão.

pretendo aqui dentro queimar tudo. Aqui dentro não há nada que doa, nada que incomode, nada que não satisfaça. Apenas o alegrar de um contentamento que parece jorrar do alto em borbotões. O meu pé descalço encharcou-se de perfume caro.

Um mês – a passagem de tempo para este manco feroz – durante esse tempo, fechei o prólogo da minha personalidade.

Dois meses – consegui acertar o passo e voltar para casa.

A respiração grudava pra dentro como o forro de um casaquinho de inverno. Era um tempo de culminância como ouro reluzente, seguindo obediente para onde apontava o vendaval que não perdera a sua trajetória de projétil. Durante esse tempo, depositei a minha personalidade num pote tipo gaveta. A personalidade sumiu sem deixar vestígios.

Três meses – no entanto, o inverno chegara. No entanto, o chão[12] avançava marrom, cor de bolo. O calor que subia através da fina folha do colchonete era de chamuscar tranqüilamente o meu segredo. Eu, por fim, acabei entregando até as minhas peculiaridades. E adquiri um único talento. Parecido com uma verruma – que nada pode fazer além de servir de pua de uma verruma – que nem conseguia chegar a ser uma verruma – eu, de fato, feito uma verruma enferrujada, estava feio de ver, feio e mirrado.

Sozinho, tenho vontade de cometer alguma ruindade. Dentro do quarto escuro, rosto pálido e sentado sozinho em postura de lótus que nem um inseto em exposição, espero o arrependimento chegar[13].

---

12. Devido ao tipo de calefação utilizado, o piso de uma casa coreana, originalmente de cor de palha e pintado com verniz, vai escurecendo com o tempo, queimado pelo aquecimento do piso até ficar marrom.

13. Escrito provavelmente em 1935, foi publicado postumamente no *Diário Me-il-shinbo*, entre 25.04.37 e 15.05.37.

CABELOS CURTOS

Ele procurava se gabar sem nenhum propósito de que era um mensageiro do amor e não conseguia ficar sem fazer isso.

Dava uma de seco e esquisito, sem motivo. Desta forma, tendo posto uma nobre máscara sobre a sua infelicidade, é que pretendia distrair a sua atenção para com a vida.

Ele, que se forjara assim, caminhando um dia à margem do rio com uma garota, cometeu o erro de deixar escapar o desejo que tinha por ela.

Nisto, com certeza, não houve nenhum outro motivo senão o seu impulso lascivo. Mas ela, perturbada por um paradoxal interesse que sentia pelo forte cheiro do corpo dele e sua maldosa indolência, acabou assim, meio sem saber definir-se, adotando, nebulosamente, uma atitude de quem estaria condescendentemente aceitando o amor dele. Ele, percebendo isso, logo se arrependeu. E exibindo a sua destreza em linguagem duplamente paradoxal, começou a jorrar e de novo jorrar, perante a garota, animalescas palavras de amor sem qualquer escrúpulo. Ainda assim, o corpo dele e o seu acessório se mostravam estranhamente preguiçosos.

A garota, que se achegara um pouco, começou a ziguezaguear desnorteada diante dessa rara forma de amor. E, no seu íntimo, passou a dispensar um tratamento totalmente vulgar a esse homem. Foi então que ele exclamou Isso!, e, mudando de postura feito um camaleão, começou a tomar ares de distante e indiferente, soltando disparates tais como: desejava que ela encontrasse o quanto antes um namorado e etc. e tal.

Aos olhos da garota não passaria incólume desse jeito tal falsidade. Seu olhar aguçado começou a armar um estado de não-alerta, tratando de adotar a postura de uma mundana "mulher arrogante" como justificativa, após o quê esboçou um sorriso.

– Como todas as pessoas do mundo falam mal de você, Yón, deixe-me tentar consertá-lo. Pois quem há de saber se realmente não és um mau-caráter.

Diante do palavreado da garota, ele sentiu uma espetada no peito. Não se tratava de algo que merecesse apenas uma fungada desdenhosa. Por quê? Porque, na verdade, ele nem estava sendo, assim, tão malfalado de parte das pessoas do mundo, muito menos se tratava de um mau-caráter. Em outras palavras, tudo o que podia acontecer era ser despojado da sua máscara predileta e ainda por cima ser usado por essa máscara virada ao avesso para se tornar objeto de pilhéria.

Mas isso não significa que ele, mesmo como é, não alimentasse um pequenino desejo pela garota. Ou melhor, talvez este fosse o maior desejo que um inigualável "egoísta" pudesse ter.

Ele não era, de forma alguma, um cético de verdade, capaz de cometer, de fato, um ato letal em meio à solidão. O tal do ceticismo que andava gruda-do nele como o cheiro de seu corpo consistia, no final das contas, no tempera-mento preguiçoso, e, como se não bastasse, era um ceticismo exclusivamente em prol do seu próprio umbigo, coisa de um verdadeiro espírito-de-porco, que procurava o tempo todo zombar do ceticismo dos outros.

A morte era mais fácil que uma tragada de cigarro antes da refeição. No entanto, ele assumia de saída que a morte jamais haveria de bater à sua janela.

Mas, uma única coisa apenas – ele admite que há a seguinte exceção: *A double suicide.*

A isso porém se cola a condição de que se deva estar totalmente livre do sentimento amoroso. Esperar, simplesmente, que ambos se utilizem suficientemente um do outro, servindo-se mutuamente de "trampolim" sem precisar compreender nada. Irão também escrever um testamento. Talvez para tentar preenchê-lo a todo custo de letras de ceticismo e do mais formoso amor.

Enganando assim o mundo e também deliberadamente a si próprio, pretendia forjar um disfarce que à primeira vista tornasse nobre o seu ver-dadeiro eu. Mas para ele que já tinha vivido e vivido por longo tempo portando-se frio e alheio ao sentimento amoroso, não parecia que uma oportunidadezinha dessas viesse a calhar novamente.

Estava claro que tal ocasião não tornaria a aparecer, mas quando para sua surpresa percebeu que, dentre os sentimentos que guardava para com a garota, se mesclava um elemento um tanto mundano próximo do amor, ficou aterrado e exasperou-se pensando se isso não teria ferido demais o seu orgulho. Pensou então que era preciso impor uma penalidade que previsse um outro resultado mais eficaz, antes que tudo isso viesse a remexer a sua vida mental com uma força difícil de controlar. Resolveu fazer de conta que jogava um jogo e mesmo sabendo que era forçar demais a barra, experimentou propor um *Double Suicide* à garota.

Tanto faz, aconteça ou não, é uma aposta confortável. Se acontecer, seria uma tragada de cigarro antes da refeição e, se não acontecer, poderia proclamar por toda parte o motivo pelo qual estaria evitando a garota.

Como a assinatura desse acordo aconteceria em meio a um lugar um pouco escuro demais, não daria para ver em detalhe as expressões da garota, mas ele, com seu espírito de jogador, já se sentia intimamente realizado pela possibilidade de escarnecer tanto quanto quisesse da garota que, à sua frente, sempre se mostrava imperturbável. O ás que saiu foi, porém, como esperado, um "nãao". Ele deu um – ffhhmmm – suspiro e, sem palavras, com os gestos do corpo apenas, experimentou dobrar a aposta:

– Hei de cultivar-me para que possa morrer sozinho.

Mas é óbvio que isso também era uma deslavada mentira.

A figura da garota, com o olhar perdido ao crepúsculo em meio à desolada floresta quebra-ventos, causava-lhe grande dor.

O entardecer estava mais para início de inverno do que para outono tardio e pássaros pretos voavam em bando no outro lado do rio como se fossem talismãs. Mas entre as folhas secas caídas não era sequer possível encontrar um organismo vivo que pudesse merecer esse nome, numa paisagem trans-humana de um verdadeiro não-ser[1].

– Não quero não. Para mim, é encanto ímpar ir vivendo, carregando a infelicidade nas costas. Se a vida é algo que você deseja tanto jogar fora, empreste-a um pouco para mim.

Ele, que sempre preferira um verso engenhoso ao namoro, desta vez temeu que, por pouco, poderia ser derrotado pela paisagem e procurou atabalhoadamente fugir daquele lugar.

---

1. Referência ao ideal budista de se desvencilhar de tudo o que é humano.

O que a garota passou a sentir por ele, desde então, estava mais perto de repugnância do que de desprezo. Contra a sua habilidade cheia de furos de querer ser distinto, a habilidade de ser calma da garota investia, vira e mexe, feito ponta de lança.

Quando maio chegou, houve um acontecimento imprevisto para os dois. O que aconteceu é que o único companheiro da garota – o seu irmão – distanciou-se dela. É que apareceu para esse irmão uma namorada mundanamente muito mais bonita do que a garota. Essa nova garota tinha pupilas que brilhavam de amor pelo irmão da garota. Essa nova garota era colega próxima da garota.

Ela sempre desejara que aparecesse uma namorada para o irmão, mas só porque a colega enamorou-se do irmão, esse irmão tinha de romper a firme promessa que fizera para a sua irmã?

A garota, então, pela primeira vez, sentiu o que vinha a ser "passagem do tempo". O tempo passara ao longo de sua desatenção, à sua revelia, e o que ela sentia era antes um gostinho de prazer voltado contra si própria.

Solidão – numa noite daquelas, em meio à solidão, a garota de súbito pôs-se a chorar. Levou um susto tremendo e parou com o choro na hora. Mas não deixava de ser algo que com palavras do seu vocabulário não tinha como explicar.

No dia seguinte, sentou-se frente a frente com ele, do modo que ele queria, num quarto silencioso, afastado da cidade. Ele, novamente, brandindo a torto e direito os seus "chistes" e "ironias", ergueu uma cortina de fumaça de fazer qualquer um chorar de aflição. Além disso, estirou-se no chão, refestelando-se do jeito que a garota mais detestava e ficou despejando asneiras sem qualquer medida. Diante de um ele assim, a garota agora já estava, ao que tudo indica, suficientemente cansada, e parecia sinceramente pensar que era hora de parar com essa inútil guerrilha dos sentimentos. Mas ainda nesse caso, o que a garota queria era vencer a si mesma mais do que a ele.

– Agora vai ser difícil nos encontrarmos novamente. Parto para Tóquio amanhã junto com E.

Experimentou desafiá-lo assim, de um modo bem inocente. Aí, equivocado quanto ao objeto desse desafio e imaginando que fosse com certeza ele próprio, enfrentou-a de pronto, com todo o pêlo do pescoço eriçado.

– Ah é? Isso é uma pena! Tá, então, acho que bato um carimbo de comemoração hoje à noite.

A garota estava ligeiramente excitada e ficou apenas a balançar a cabeça, de cima para baixo. Era provável que o rosto da moça estivesse ruborizado, mas, por mais que se olhasse, isso não era nada além do lado animal, não mais que animal.

Parece que chegou a hora de determinar o último vencedor. Estranhamente a garota estava esperando por esse momento, ansiosa. Isto é, com um "temperamento" de jogador!

(Parece que essa rodada consistirá só de especulação e de menosprezo!)

(Se ele, de fato, tentar bater um carimbo sobre a garota com a sua treinada animalidade, a moça lhe cuspirá sobre o rosto, na cara, e sobre o carimbo.

Se ele, mesmo ansioso, fingir-se de inocente até o fim, a moça indigitará detalhe por detalhe o grau de sua covardia e de sua abjeta máscara e em seguida o tratará como gentalha.)

Mas, talvez porque ele se movesse num nível mais refinado como ator ou fosse de uma paupérrima frigidez, eles foram descendo a trilha da montanha a bem mais de uma hora da manhã enluarada. Enquanto desciam –

Quando ele recordava que um dia, descendo assim por essa trilha, fizera os seus lábios se encontrarem com os lábios dela, fininhos como um selo de três centavos, outra coisa não foi senão os lábios de ambos se tocando e nada mais – melhor, isso também não passava de uma busca sorrateira que escondia no fundo uma tramóia mútua. Não passava de os dois sentindo suas peles não tão macias assim e provando como eram diferentes o gosto do ar e o gosto quente dos lábios.

Nessa noite, a garota mal podia esperar pelos movimentos bruscos dele. Era algo quase paradoxal. Enquanto caminhava cheia de cuidados pensando – vamos ver se não nos encontramos mesmo –, a trilha da montanha desembocou na cidade e as ruas da cidade não eram muito apropriadas para esse tipo de movimento da parte dele.

A garota, quando viu os faróis de um carro que passava além da ruela, percebeu que a trilha logo acabaria. Até pensou droga será que devo tentar eu mesma apressar as coisas, mas ele que parecia tão ansioso não se sabe por que naquele momento pelo menos não deixava entrever nenhuma brecha, um buraco de agulha que fosse. Não se sabe se foi com esse fim, mas ele tagarelou um bocado enquanto andava.

– Por exemplo, experimentar degustar a comida que você mais detesta sem fazer careta e assim acabar por fim descobrindo um "gosto" que é um "gosto" que até naquilo existe, isso é que é, digamos, o "paradoxo". Em resumo, a verdade é que as pessoas, por desígnio, não foram feitas para levar uma vida de ideologia, isto é, viver uma ideologia que tenha um centro. O intelecto – fuhm, é claro que sempre se pode escarnecer do mundo com a força do intelecto. Pode-se, mas o que é que se vai fazer se não há como isso se constituir numa força de base capaz de nortear uma vida? Portanto você, Són, e eu, não devemos nos gabar. E não juremos nada de jeito nenhum – dizer isso é, de fato, o juramento que nós devemos prestar.

Daí é que veio a súbita reviravolta no estômago da garota. Ela ficou indignada, prometendo a si mesma que não ia deixar passar a batalha nesses termos de jeito nenhum. Pensou de si para consigo. Que para fazer face a uma cortina de fumaça dessa categoria não poderia deixar de preparar uma arma nada habitual, inteiramente nova e eficaz.

Na noite do dia seguinte chovia uma chuva chocha. Sob essa chuva ele caminhava com o irmão da garota.

– Yón! Já que agora a coisa ficou de tal jeito que eu não posso fazer mais nada, peço a você que trate bem do resto. Parece que a Són ficou muito exaltada –

– Ué, mas por quê?

– E por que você está se fazendo de desentendido?

– Do que cê tá falando? Desentendido, eu? Mas fazer de desentendido como?

– Não sabe mesmo?

– O que é que eu não sei?

– Que eu vou para Tóquio com E. –

– Como é que eu poderia saber disso antes de ouvir da sua boca?

– É que por isso agora a Són não pode mais ir. Porque a promessa que a Són e a E. tinham feito uma à outra foi quebrada por minha causa.

– E daí?

– Que a partir daí é responsabilidade sua.

– Fuhm!

– Estou preocupado que a Són pense assim... que eu amei a namorada mais do que a irmã.

– Fazer o quê...

"Són – ouvi toda a história do seu irmão e para mim foi realmente um grande susto. Pois o seu irmão também disse que não se deve tentar desobedecer o destino à força. Também penso assim.

Por muito tempo tenho me olvidado da idéia da 'passagem do tempo'. Mas a passagem do tempo que voltei a sentir desta vez depois de passado tanto tempo, foi bem triste. Penso se todos nós não devíamos ir sempre avançando com circunspecção cada um dentro de seu departamento aceitando de coração a passagem do tempo em todas as coisas. Espero que não se exalte.

Espero que daqui para a frente você me veja com novos olhos e que confie em mim. Como um primeiríssimo presente, que tal eu 'propor' que fôssemos a Tóquio juntos? Não, melhor, eu prometo. Se você, Són, não se mostrar contente, realizarei isto somente com a minha força de vontade para mostrar a você.

Então, Són, estarei esperando por sua carta de aprovação."

Mesmo sentindo-se um tanto embaraçado, acabou postando a carta. Esse tom de bravura galante soava meio engraçado até para ele. Cuido da garota? – faço com que ela se apóie em mim só por um tempo? – a idéia era ver se ela caía ou não nessa tramóia. E quando ela parecer não mais querer investir com a sua histeria contra ele, ele então a libertaria do inferno engenhoso de seus "chistes" como se soltasse um canarinho ou será que ela acabaria libertando-se por si mesma? Mas, de qualquer forma, não iria ficar junto ao caminho dele por longo tempo. A resposta chegou.

"Não acha que deveria ter sido assim desde o início? Eu no momento não estou nem um pouco exaltada ou coisa assim. E se eu, nesse estado, lhe agradecesse, Yón, você ficaria embravecido? Se é assim, excluamos dos meus sentimentos apenas o de gratidão.

Vamos fazer de conta que você é um bom professor por quem nutro simpatia e que eu assista a sua alegre aula. Já faz tempo que sei que nesta sala há um professor peçonhento ministrando aula sobre qualquer coisa com uma voz feroz, mas até hoje me mantive o tempo todo na soleira apenas me esgueirando hesitante e catando de ouvido os 'chistes' desse professor que de quando em quando vazavam pelas frestas da janela, sem ter a coragem de entrar no recinto logo de uma vez. Mas agora já me encontro sentada dentro da sala. Vamos lá – por favor, comece logo a sua aula medonha. O tema da aula é 'A problemática do amor'? Ou você falará das histórias sobre 'Vislumbrar de relance o cume da intelectualidade'?

Por favor, não fique muito zangado por eu ter mentido para você no outro dia. Eu mesma teria de abençoar a partida heróica do meu irmão. Não guardo mágoa nenhuma dele ou coisa assim. Porque penso que o hábito de contabilizar o afeto é um hábito que sempre atrai o ódio. Falaste em 'passagem do tempo'? Finalmente senti verdadeiramente esta 'passagem do tempo' porque me ensinaste. 'Passagem do tempo'! Gostei – professor – posso amar o professor por minha conta, não é? Não posso? Não tem problema, né? Não terá problema, né? Cortei o cabelo. Fiz isso por simples raiva de um eu que não se exalta de jeito nenhum."

Cortou o cabelo? Ele novamente sentiu a consciência dar-lhe uma pontada no peito. A carta com certeza significava a derrota da garota, mas e essa agora de ela cortar o cabelo sem consultá-lo... Ele percebeu que isso estaria representando a renovada força de uma garota renovada. Mas mesmo assim lágrimas vieram-lhe aos olhos. Por quê?

É que o sentimento da garota ao cortar o cabelo teria sido, com certeza, o de alguém que, após fabricar um namorado com suas próprias mãos no meio do seu coração, tenha ordenado a esse namorado que cortasse o cabelo dela. Em outras palavras, foi com certeza a infinita solidão da garota que teria encomendado esse personagem tipo dois-em-um.

Solidão de mulher!

Ou será que a competição continuará assim indefinidamente sem um vitorioso – ele chegava a pensar desse modo e acima disso, como seria a sensação que emanaria do rosto da garota com o cabelo decepado – e o corpo todo. Para ele, esse pensamento é que era do maior interesse, mais do que tudo uma sedução[2].

2. Escrito em maio de 1936, foi publicado postumamente em abril de 1939.

ARANHA ENCONTRA PORCO[1]

1

Naquelanoite aesposarolouescadaabaixo – eumsenhormuitoesperto jádeixoualertado quenãoépraficarlamentandoàtoa coisasdeamanhã. Tácertoele. Eleseempanturradeviver massónaquantidadedeumdiapor vez. Frenteaestaboanova eleficacaladinhocomomudo (enãosedeixe enganar). Empanturrasedeviver. Oqueéqueeleteria praperguntarà esposa? Conseqüentementeaesposanãotinhaoqueresponder eassimo casalésilencioso comoumpardeplantas. Masnãosãoplantas. Nãosónão sãoplantas comosãoverdadeirosanimais. Talvezporisso elenãoselembra dejeitonenhum desdequando eporquedesígnio estãoenfurnadosdesse jeito nessequartodotamanhodeumacaixademexericas. Depoisdehoje temhoje. Umpoucoantesdoamanhã temhoje. Éumavisãopartida deumcavalodeantolhosvãos queresolvedeixar tudocompletamentede lado esódiz hojehojehojehoje. Abroosolhos. Destavez vejooreal. Sonhar orealnosonho esonharosonhonoreal qualquerumdosdoisédivertido. Quatrohorasdatarde. Manhãquemudoudelugar – éaquiqueémanhã? Étododia. Masobviamente ésóumaporvez. (Quecolossalcorpomaterno medeixoulargadoaqui?) – Esópreguiçarsemfim – Vamosver atéondeé quesepodepreguiçar nopapeldegente – preguicemos – simplesmente

---

1. O título no original é, no mínimo, esquisito, formado por quatro ideogramas dos quais três são de raríssimo uso. Os dois primeiros significam igualmente "aranha", porém nas suas formas mais rebuscadas, desconhecidas da maioria. O terceiro ideograma, este bem mais corriqueiro, significa "encontrar", "reunir-se", e, por fim, o quarto e último ideograma, também na sua forma hermética, significando "porco". É improvável que um leitor, mesmo dos mais informados, possa conhecer o significado deste título sem antes consultar um dicionário especializado de ideogramas. Os dois primeiros ideogramas não constam sequer do repertório do programa de computador.

preguicemossemfim – mesmoquehajabarulho ésófazerquenãoouve epreguiçar. Viverpreguiçarmorrer – seviveréisso entãoémoleza. Quatro horasdatarde. Ondeéqueforamparar todasasoutrashoras? Grandecoisa. Senumdia nãotemnemumahorasequer queaporrinhaçãopodehaver? Etambém...aranha. Aminhaesposa éaranhaescrita. Assimeleacredita. Quiseraqueaquiloali regredisselogo esemostrassenaformadearanha – masnuncaouvirafalar desetermatadoumaaranhaatiro. Normalmente sematacomumpisão massenãotôafim nemdemelevantar oquediráde calçarsapato! Entãoficatudonamesma. Nestequarto bem pensandomelhor sobreisso – dápraverclaramente apulsaçãoescorandosenosossos eobraço estendidopraforadocolchão[2] éraquíticocomoesqueletodesardinha. Este quarto étodoelearanha. Eleestáéespaçosamenteestirado dentrodeuma aranha. Temcheirodearanha. Essecheiro mornoeabafado aha écheiro dearanha. Comcerteza éocheirohediondo queessequartoexala fazendo sedearanha. Maselebemsabe quesuaesposa éumaaranha. Deixaaestar. Etudooquefaz detantapreguiça énãodeixarqueaesposa – queéaranha – tenhaumabrecha pratercarne.

   Foradoquarto aesposasemexe pracápralá. Preparaarefeiçãoda manhã queécedodemais praseramanhãdemanhã mastambémmuito tarde praserhojedemanhã. Arre fechoaportadupla. Obaú forradode papéiscoloridossome (instantaneamente). Nãogostomesmodaquelebaú. Nãogostodenenhumobjetodacasa. Oqueéqueessastralhas queremque agentefaça? Porqueéqueexisteohoje? Tenhoqueficarolhando praquele baú porqueéqueohojeexiste? Escureceu. Continuopreguiçando. Praque ohojeeobaúdesapareçam. Masamulherlevaumbaitasusto. Omarido – quefechouaportadupla – omaridoquesódorme fechouaporta! Muitos pensamentos. Serávontadedefazerxixi?[3] – Seráalgumacoceira? – Mas porqueraios seráqueaqueleelementoaliacordou? Masomaisimpressio nantemesmoé – comoéquesevivedaquelejeito? – seviveréalgoincrível pensandobem dormiréaindamaisincrível. Comoéquesedormetanto

---

   2. Lembrando-se que os coreanos realizavam suas principais atividades no chão, o "colchão" aqui é na verdade o *yô*, uma colchonete com enchimento de algodão, que normalmente permanece dobrado ou enrolado durante o dia. No conto, não é difícil entender que este *yô*, de fato, nunca é recolhido.
   3. Em casas de antigamente, sem esgoto adequado, os banheiros ficavam do lado de fora, de modo que era comum manter um urinol dentro do quarto.

daquelejeito? Serápossível sedormirtantoassim? Tudoerasimplesmente inacreditável. Marido. Ondecomeçaeondeterminaumcasal? – marido – mesmoquenãofosseesposa seriaaindaesposa. Masoqueéqueomarido fezporela? – algumavez protegeuadovento porestaremcontraaparede? Elaabreligeira aportaqueelefechara parecendoderepentetomadade medo depoisdeumapequenareflexão – edeveterficadomesmo – etenta puxarumaconversinha comavozdesempre masqueparecesempre voz queseouvepelaprimeiravez. QueridohojeéNatal estáquentinhocomo umdiadeprimavera (estafoiaraizdomal quedesaídaentortoutudo) por quenãoaproveita efazabarba?

Aquelespezinhosdearanha tãodifíceistãodifíceis nãosumiam dejeitonenhumdacabeça eapalavraNatal queacabaradeouvir eramesmo aterradora. Mascomoéqueaconteceu deeleacabarfazendo umcasalcom aesposa? Éverdade queelaveioatrásdele masporquê? Oumelhor. Porque équeveio eficou? – istoestámuitoclaro. Porqueficou? Equandoissoficouclaro – quandofezmaisoumenos umanoemeio queelesfizeramumcasal – a esposasefoi. Elenãoentendia porqueelahaviaidoembora. Eporisso não tinhacomoencontrála. Maselavoltou. Eleentendeu porqueelavoltou. Ele agorasabe porqueelanãosevai eissoécomcerteza sinaldequeelairá emboraumdia semqueelesaibaexatamenteporquê. Istoé estoudizendo quepelaexperiênciaéassim. Nemporisso elepodedeliberadamentedeixar deentender porqueéqueelanãosevai. Mesmoqueelasevánovamente tudoquefaz éesperarqueelavoltederepentepraele quesabemuitobem porqueéqueelanãovolta.

Feitaabarba saiudaqueleendereço fechadoasetechaves. Dizemque éNatal masodiaestáquentinho comodiadeprimavera. Atépareceu queosol tinhacrescidoumtantinho naquelemeiotempo. Osolhos ofuscados – ocorpotodoespinhento(?) – ochãoexaustivo – eolharpratodosquelesprédios deparedesgrossas grudadasumasobreaoutra sufocavamesmo sódever. Asmeiasbrancasdaesposa haviamsetransformado emmeiasdelâmarrons. Praelequeseenfurnavadentrodoquarto asestaçõesconseguiamtransmitir apenasumpossívelquinhãodemudança. Invemo – noinvernosobrevindo antesmesmodooutono ele pelaprimeiravez soltouumatosse comosefosse umcumprimento. Umdiadeinvemo quentinhocomoprimavera – penso senãoseria comcerteza umdiaassim otãocorriqueiroferiado? –

masoventoéfrionorosto etambémnapontadonariz. Gentetãoapressadae
ofegante potespesados pacotes sapatos cãesdecaça alguémdandoumpito
janelasnãoabertas tudooprime insuportavelmente. Faltameoar. Praonde
irei? (AgênciaA.) (umcartãodevisita quemevemàmemória) (O.umcolega)
(nãosegabe) (dia24eradiadepagamento?) Abanandooscotovelos comose
estivessedebraçosdadoscomalguém ficourodeando ladeandoomuro
daagênciaA. tãofinocomosefossefeito delascasgrudadas masoquéserá
quetemaídentro? Ar? Nacerta umarmedonho. Delascarapele – defato
eraumarnadaordinário. Veiassaltadasnosolhos – telefonesvermelhos
detãoquentes oseucorponadasubstancioso pareciaqueianuminstante
queimaratéamorte. O.estavaamontoado numacadeiragiratória qualuma
tampadegarrafa. Jamaisseteriasequersonhado comumacoisadessas.
Vasculhandooslivros eanotandoosendereçosos sobrenomeseosnomes
umapósooutro, O. estava(vivendo)vivinhodasilva nacondiçãodeum
belohomem. Ocupandosozinhoumasala comumaplaquinhaletreiro
DepartamentodePesquisa. Aparedeestavaforrada depapéisquadriculados[4]
comdesenhosquenãoeramdesenhos. "Estudandosebemaquelascoisas
devedarpraseterumaboaidéiané?" "Umavezqueseéiniciado odinheironão
parecedinheiro." "Senãoparecedinheiro então parecepapelquadriculado?"
"Papelquadriculado?" "Eentão, vocêestáiniciado?" "Huhum – poisfiquei
foicomvontade devoltarapintar." MasparecequeO.[5] nãopôdesuportarisso
sememagracer. Bebida? – então, mulher? O.pareciaterescancarado
completamenteasipróprio eespalhadoporaí. Damesmaforma queelehavia
cerradoasipróprioasetechaves diantedoO. oudiantedomundo. Tábom
oqueé? Eusouéaranha. Definhando quenemumlápis – veiasporondenão
corresangue – cabeçaquenãodesaparece mesmonãopensando – cabeça
estancada – pensamentoinútil – aranha nãosairdedentrodaaranha – não
espiarprafora – embriagarse – estarzonzo – quarto – eraumquartoem
formatodemeia. Eraaesposa. Eraporqueeraaranha.
    O.paroucomosendereços ossobrenomes eosnomes eestendeulhe
umcigarro. Nessemomento aportaseabriu dividindoafumaça (horade

---

    4. Pelo contexto, a agência parece ser um escritório de especulação de mercadorias,
principalmente arroz.

    5. Este O. é, confessadamente, um amigo pessoal de Yi Sán[g], com quem durante anos
compartilhara o sonho juvenil de pintar e viver de arte.

términodoexpediente). Umhomemgordo precipitousecomoumcavalo. Ocavalheirogordo trocacumprimentosasseadoscomO. Eraumdiálogo comsabordenovidade travadoentreO. decorpofininhoevozgrossa eo cavalheiro decorpogrossoevozfininha. "OSr.Presidentesaiu?" "Sim – apropósito passaumpoucodeduzentaspessoas." "Ésuficiente. Vocêvirá antesnãoé?" "Tá, ireicercadeumahoraantes." "Êh – ã êh ã êh ã então ficamosassim..." "Ah, jávai?"

Ocavalheirogordosacudiuse elançouumolharoblíquo praeleque estavasentadoaolado eemseguidavirouorosto parecendoqueiasaindo quandolançoumaisumolharoblíquo. Eletitubeou – oqueacontecemesmo seeuocumprimentar? titubeoueacabou semquerer cumprimentandooocom acabeça. Masquefaltadevergonhaéesta?! Ocavalheirogordorecebeu ocumprimento etendorecebidoocumprimento simplesmentesaiu como sedandoumsorrisinhoàtoa. Masquehumilhाçãoéesta?! Noseuouvido mesmoenquantotentavalembrar quemdiaboseraaquelecavalheirogordo, reverberavamecosde"Comovai?"daquelecavalheirogordo comosefosse umdedoapontadoprasi. Comovai comoassim comoéquevaioquê – masquemeraelemesmo? – aha eraele agorajásei. Ocavalheirogordo era precisamente odonodoCaféR.ondeaesposatrabalhava. Équeaesposa voltara. Temunstrêsouquatromeses. Decretouquevoltava prasustentálo comsuasprópriasmãos. Quandofoiprapedir"Cem*wons*"emprestados, ele, escudadopelaesposa, bateraumcarimbooval nafrentedessegordo. Como esquecer aindahoje aquelasensaçãodehumilhação naqueleolhar decimaprabaixo metidonumrobe. Masnãoéqueele haviabaixadoacabeça[6] praessegordo quaseporreflexo antesmesmo deterselembradoquemera? Agorinha. Agorinha. Agorinha. Parecequeacabouentranhandoamedula. Osinistroinstinto. Esedisserquefoisemsaber seriaperdoável? Quenojo. Quedesculpaeuteria pramejustificar? Droga! Droooga! É, vamosparar, parardenossentirinjustiçados comcoisaalguma – é, vamosjurarassim. Masassuasfacesardiamembrasa. Lágrimassecristalizavam gotaagota. Aranha comcerteza elepróprioeraaranha. Entenda queévocêmesmo aaranha sugandoaesposa quedefinha feitoumaraizaquática. Eusouaaranha. Éuma bocacheirandoapeixe. Masentão aesposanãosuganadadele? Vejasó –

---

6. Lembre-se que, no Oriente, baixa-se a cabeça como cumprimento.

estamarcadebarba azuldemedo olhoscavados – anutriçãosemforma semsombra quemalsealastranessecorpoesguio – veja. Aesposaéaranha. Epoderiaacaso nãoseraranha? É aranhaearanha aranhaearanha? Sugamse mutuamente? Praondesevai? Qualomotivodomútuodefinhamento? Será quenumamanhãdessas osossosnãosaltarãoprafora rasgandoocouro? – natestadaesposa dotamanhodapalmadamão escorresuor. Comapalmada mãosobreatestadaesposa eleaindaporcima nãoparavadepisálacruelmente. Aesposapisoteada costumaseamassarinteira porvoltadameianoite esganiçandocomoumrato. Comoumabolsinhaelástica quedemanhãvoltaa seesticar. Masdáumaflorluxuosa comoademamoneira. Noquarto todanoite eraenchente enamanhãseguinte saíaumasacacheiadelixo – aesposalevava esselixopesado bemtardedamanhã – quatrohorasdatarde – proquintallá embaixo eaproveitava pratomarsolpelosdois inclusiveporele evoltavapro quarto. Aesposafoiseadelgando comoseumfizesseumtraço. Flordura ferrenhacomoferro – aranhaferrãovenenoso – fechemosaporta. Fechoua tampadavida fechouohábitodetravarrelacionamento depessoacompessoa fechouasipróprio. Detodososamigos detodasasrelações – detodas esperanças – detodasasmilambições – edetodasashumilhações – somente dentrodoquarto elepodiaendoideceràvontade. Podialamber comoselambe umaalga. Porcausadessarespiraçãoinsana alâmpadaviviaqueimando. Todanoite eraumacanseiraproquarto ficavatudodepernasproar eoquarto adoecendoirreversivelmente aindaresistia tenaztenaz. Ointeriordoquarto sedesmoronava. Omundohaviavindoatéaporta – epormaisqueoesperasse elenãosaía. Podiaapenasverpelajanela dotamanhodapalmadamão otempomarchandofirmemente. Masanoitetratavadefechar logologo até aquelenacodevidro. Dizendoquenãopodia.

Eaí O.baixouaspersianas comosenãosuportassever aquelacara envergonhada. É vamossair. Elequeriaestardevoltaaoquarto assim semter quesairdaqui. (umquartoalugado de6*wons*) (umquartoquesótemquarto) (quartoconforto) Seráquenãotemjeito? "Deondevocêconheceaquele gordo?" "É, conheçoassim." "Comoassim?" "Assim." "Próximos?" "De jeitonenhum – Queméeleafinal?" "Aquilo? – aquiloéumricaço aoque parece. Temumnegócio deunsdezmil*wons* comanossaagência" "Hfump." "Uma cobrinhad'água queviroudragão." "Hfump."

CaféR. deviaserumnegócioparalelo daquelegordo. AagênciaA. parecequevaidarumafestade*réveillon*praconvidados no*hall*doterceiro andardoCaféR. amanhãdenoite eO.estava encarregadodospreparativos. Dizquemaistarde dariaumpulonoCaféR. Pracomeçar, elestomaramchá numcafé. Aoladodaárvoredenatal avitrolasooulimpamente. Umcasacode lãlongocomoumsobretudo – cabelosengomados – relógiodeouro – pino degravata compedrapreciosagrudada – detalhepordetalhe todoessetraje deO. incomodavasemfim àvista. Comoéqueeleacaboudessejeito? Oumelhor. ComoéqueEUacabeiassim? (Era dinheiro) Dissequehaviaenganadoalguém. Depoisdetêloroubadointeirinho aindadavaumadebonzinho dandolheum dinheirinhopradisfarçar eexpulsavao. Ummilhãoatéos30. Fêmeaquegruda nagente denãopoderlidar. Dizia eivocêtambém páradeficaraí nessalenga lengainútil edêàsuajuventude omesmotipodetratamento. (Faladespudorada deO.) Masdequejeito – dequejeito euacabeimedegradando tantoassim nãotinhacomosaber. Sóseiquetodaessaconversainfame depeitoenchido deO. pareciatodinhamentira mastambémpareciaquehavia realmentealgo quenãodavapraexpressarempalavras masqueeunãopodiadeixardeinvejar mesmoquenãooquisesseinvejar.

Naprimaverapassada O.estavaemInTchón[7]. Dezanos – alímpida amizadeentreosdois fizerapermanecernamemória abelezadainfância – umsonho – deles. Iníciodeprimavera osbrotosaindaadormecidos. Ele semsaúde caminhavajuntocomO. pelaencostadacolina doParqueSaji[k] enquantoouvia oqueO.diziaser coisamuitoimportante. Fatototalmente inesperado – queopaideO.haviafalido compatrimôniodafamíliade 1milhão eoúltimoleilão haviaterminadoapenasalgunsdiasatrás – O. tiroudobolsointerno emostrouumacarta deferverasvísceras doheróico velhonegociantedearroz quemdosváriosirmãos depositavaumfiapo deesperança exclusivamentenoO. – umsentimentoparaoqual nãopodia darascostas – O.chora – indagandosesenãoteriaquelargaropincel[8] que atéentãoeratido comoolabordasnossasvidas porummotivinhodesses – eraumatilintanteconfissãodeO. quenuncahouvera equenuncamais haveria. Naquelaépoca quandoeleestavadeolhosjávidrados sóesperando

---

7. Cidade portuária à distância de cerca de 100 km de Seul, a mais importante da costa oeste da península coreana.

8. "Largar ou jogar o pincel": expressão usada entre os artistas para "desistir de pintar".

queasaúdelhevoltasse juntocomaprimavera – eletambém emseuíntimo havialargadoopincel haviajáalgumtempo – apenasobservavasilenciosa mente ochãoúmidoquelogoracharia. Edepoisveioatempestade. Venha – venhadarumaolhada naminhavida – RespondendoaessechamadodeO. eleforavêloemInTchón comumsorrisonorosto. 4^9 – ocaistumultuado – escritóriodaagênciaK. – comosolhossemsaúdedesempre eleficoufitando embasbacado afigurairreconhecíveldeO. aatitudecorretíssimadeO. em seupostodetrabalho elamentou elamentou odiaemqueviera. Oquarto estavacompletamenteforradoeencapado depapelquadriculado deixando apenasolugarzinhoocupadopelotelefone[10]. Osaltoseosbaixos dascurvas vermelhasecurvasazuis sobreospapéisquadriculados queeramtrocados antesdeficaremrotos – orostodeO. setransformava acadainstante. À noite perambulavaàvontadeatrásdeO. pelosbaresquepareciampedaços delatão edepois – (Shikishima)[11] – custavalhegovernarocorpo quese debilitavadiaadia masO. incrivelmente acordavaquandoeramseishoras edepoisdeacordado ficavarevirandopracá erevirandopralá aspupilas quepareciamtochas comafaceembrasa semmoverumtico atéàsnovehoras infalivelmenteenfurnado noescritóriodocais. OcorponãocansadodeO. pareciater – comcerteza – atravessadoalgumcaminhodeiluminação junto comsuaforçasuprahumana. Duranteodia opaideO.escoravaocoração melancólicono*kayakum*[12] aúnicacoisaquelherestara eporvezes anotava comsatisfação ostelefonemasdofidedignofilho numpequenocaderno. Abrindoseaportadecorrer davapráverporvezes otremdeKyón[g]In[13]. Ele vestiaocasacodelãdeO. econtornandoaIlhadeWolMi[14] peloladodetrás escolhiaumlugarentreosarbustos ondealgumasfloresaindasependuravam aquiali edeitadobemreto sobreagrama lamentavaofatodaprimavera terchegado easaúdenão. Viasedeláomar – quandoomar avançavaerecuava

---

9. O número 4, exaustivamente recorrente neste conto, é número de azar na Coréia, por ser homófono do vocábulo "morte". Por exemplo, é comum não haver o quarto andar em prédios.

10. Provavelmente telefone de parede.

11. Denominação alternativa para Japão. Aqui, parece ser nome de um café.

12. Instrumento musical de 12 cordas típico da Coréia.

13. Secular linha de trem que liga Seul à cidade de In-Tchón (ver nota 7, p. 51).

14. Uma ilhota de apenas 0,6 km² de área e 4 km de perímetro bem à frente do cais do porto de In-Tchón. Está ligada à terra por um aterro formando um dique.

umaoutravez napraialamacenta atardecaía etornavaacair. Quatro horasdatarde O.vinhaprocuráloassobiando namesmagrama detodos osdias. Aosomtrêmulodeumavitrolaportátil tomavamchánuma barraquinha olhavamcorças tomavamsorvetefresco bemnomeiodaquele diquelongodemais olhavamoscatadoresdeostras efindavamafetuosos comjornaisejantares noquartodeO. Ummêsassim – maio – eledeitado sobreaquelagrama acabouporaprenderocantodosbarqueiros. Tudoaquilo queeleplanejaraemseuíntimo iasedissipandoemcamadas diaapósdia emdireçãoaomar. QuandovoltoudeInTchón cheioatéàstampas deuma hesitaçãosemfim emrelaçãoàvida nãohaviacomoencontrar emseuquarto qualquerrastrodaesposa. Elaaofinal estavafazendoofavordedestratardesse jeito estefilhoquetraíraseuspais – (literatura) (poesia)[15]. Haviabotadoospés numcaminhoquenãoeracaminho praficareternamente negaceandoavida. Masdessedesejodeescapulirnovamente – juventudeentortada(política) às vezestelefonava praumaagênciadeviagens. Obarcoquesingravaaltos mares soavaoapitoeadentravaocais sempredentrodoquarto. Overãofindara enquantoeletranspirava – masantesdosuor secarnascostas aesposavoltara aflita quenemumcartãopostal tipovaievolta. Diziaquequeriasustentar ohomemqueesfomeava misturadoàsrevistasvelhas. Cartãopostal tipo vaievolta – ametadesumida – deolhosfechados sentiaocheirodeinúmeras impressõesdigitaisnacarnedela. Elefezumcírculodisplicente nadescrição desuavidacotidiana. Acabou. Sustente sereisustentado – cortetambém oscabelos – Barradeferroquentede10*wons* praenrolaroscabelos – diasque sórequeremroupasdebaixo – CaféR. – Cem*wons*conseguidos àfrente deumrobegordo – masseelecorreuproO.emInTchón segurandoaqueles cem*wons* éporquetilintavanoouvido oqueO.haviadito emmaiopassado palavrasnãomuitocompreensíveis masaindaassim pordemaisseguras – tragacem*wons* quepracomeçar emtrêsmeses devolvooscem edoumais quinhentos. Diantedomarido queroubavaenergiaelétrica aesposasilen ciava mesmoporqueelaprópria tinhaantecedentes. Aconteceuoque temia. Atéolhoualgumasvezes oshoráriosdosbarcosnojornal. O. emduas outrêscartas nãopoupouelogios prasuaatitudedevida. O.veioàcapital. Ostrêsmeses haviamacabadoháummês – O.largaraaesposaemInTchón

---

15. Referência autobiográfica. Como filho mais velho, incumbido de sustentar a família, a opção pela literatura teria sido considerada, na certa, uma traição para com os pais.

(aindaqueO.jamaisatenhachamadode) quededicava centavoacentavodo queganhavaaoO. – dequalquerforma aquiloerainsignificantemesmo comparadoàamizade profundaeincomensuráveldeO. aquiloqueacon teceu háquatromeses eaquiloquedeveriateracontecidoinfalivelmente háummês tudohaviasidoesquecido comoumalevebrisa apósachuva – umacartamuitoesperada chegouháalgunsdias perfurandoasuacerrada vidinha. Eledormiu ooutonoeoinvemo. Continuavaadormir. – jánão gostavadasfutucadas tãoprevisíveisquantovãsdeO. eimeuchapa que negócioéesse dedeixarvoltar umaesposajáavariada maseraNatal – não. É vamosdarumaolhada nessacaralavada dequemcomeufaisão – cara lavada – O.deontem – éassimmesmo – vamosdeixarfeitoumcírculo aqui antesquefiqueimpossíveldelidar lógicoqueaesposanãosabedenada.

2

Naquelanoite aesposarolouescadaabaixo semnenhumaclasse. Idiota. ElebebiacomO. umO.irreconhecível dejeitonenhum perguntandose seistoeramesmoounãoO. numlugarqualquer. ComcertezanãoeraoCaféR. ondeaesposatrabalhava mastevecalafriosaover tantasesposassuas emnada diferentesdasuaesposa. Mundoesquisitomesmo. Comosevaisaber qualé qual vestidasdaquelejeito? – O. – pelojeitodeandartalvez – eleconheciade ouvir davidaincríveldessasmoças praquemvinham umatrásdooutro sempreàsduashoras homensqueserviamdemarido. Aesposajáohavia recriminadováriasvezes emnomedoamor deelenuncaviraoencontrodela masesederepente elefordescoberto?pensava – masporquem? – istoé – orivaléummundobemlargoefeiodever. Eleficourevirandoacabeça pracá pralá vendoessasmaquiagenstodasiguais queiamevinham – defato afora osaltosebaixosdasmaquiagens nãohavianenhumoutrosinal quepudesse distingüilas umasdasoutras – essasesposastodas parecendoasmesmas. Hehehe – deveparecermesmo todasiguais – depoisnoquarto (deusmeu vocêéparecidademaismesmo!) mascomoaminhaesposa quasenãousa maquiagem – sardasazuismedrosas espalhadaspelorosto – narizmenor queonariz bocamaisfinaqueaboca – (eseeudissesse quevocêmaquiada separecemuitocomaesposanãomaquiada?) – "meperdoe" masporqueéque

sóaminhaesposa émagreladaquelejeito? Masporquê? (culpasua) (você
nãosabemesmo?) (claroquesei) masdêsóumaolhadinha nessamulher. Veja
sócomoestábemcheinha degordurinhasecarninhas. Sódeelavirsentaraolado
sintoumfartumdecalor. O.dizaomeuouvido. "EstaéaMayumi essagorducha
aqui – semdúvida éumaporquinhabranca maséboa boamesmo – sabe
aquelahistória dagalinhadosovosdeouroné? (claroquesei) ouseja éuma
cartolamágica – 3wons4wons5wonsnumanoite – éumacasadepenhor quedá
dinheiro mesmosemnadapraserpenhorado (émesmo?) ah – éaminha
amadaMayumi". Aessashoras aesposatambémestariafazendo amesma
coisaqueela. Dói. Diantedesuatestafranzida agargalhadasúbitadeO.
Hfump éruim – masouça – emmercadodeespeculaçãodearroz amulher
éterminantementeproibida. Masoquesepodefazer seelasseagarramna
gente prontaspraarrancarnossacarne? (certocerto) oqueéqueéamulher?
Mulhersemdinheiro nãotemsentidonenhum – não, dinheirosemmulher éque
nãotemsentidonenhum (certocerto) eiO. continue. Tododinheiroqueganho
comprorelógiodeouro quantosder ecomprojóias ecasacosdelã tudo
domaiscaro. Equandoeupercodinheiro medesfaçodeles. Éocerto. (certo
certo) Masissodáumaafliçãozinha. Eaí oquesefazéoseguinte: escolheseuma
mulherzinhabempimentinha eassim vocêlhedáumrelógio umajóia edepois
tomadevolta pradesfazer elhedánovamenteumrelógio umajóia etoma
devolta pradesfazer – então oqueaconteceéque compraragentecomprou
praela masavidainteira aquelascoisasnãosãodela massãodagente entende? –
bem depoisderepetirisso poralgumtempo – maséporisso quetemque
serumagarçonete senãonãodá – agenteaesvazia detudooqueelatenha
ganhadonaquelanoite tudinho oquantoseja – dojeitoqueelaficavidrada
pradevoraranossacarne tomar3,4wonspordiaémoleza – agentecontinua
dandojóiaspraela demodoquemesmoquenãosobrenada écomosea
gentetivessedado váriasvezes eusouéaranha emesmosabendoquesou
aranha – não tambémnãoéassim tambémnãodeixodeatender asexigências
delané? – masapesteé queelacismadequereralugarumquartinho emorar
junto – poisé seacoisachegaaesseponto 1milhãoatéos30éumacatástrofe.
(Certo?Certo?) Enessenegóciodeespeculaçãodearroz émuitomaior
achancedemearruinaragora doqueachancedemeenricaramanhã, é, ébom
manterumadessas pragentetersegurança. Istoé aidéiaénãodarespaço
praretroceder. ComoO.éumhomemsensato nuncanuncaqueiafurar

abarrigadessagalinhadosovosdeouro. Praele aquelemontedecarne grudadanaface eaqueleslábiosinchados deviamparecerlhe umagracinha semigual. Seusolhosforamseembaçandoaospoucospeloálcool. Oolharjá totalmenteespanado ficouaobservar aquelepedaçãodecarne chamado Mayumi comoseainvejasse. Esposa – Mayumi esposa – aesposaquenão páradedefinhar – esposaqueparecearame – queparassededefinhar – dá umaolhadanaMayumi ascostaslargas largurarechonchudarechonchuda omundonãoéuniformemesmo – umainchaincha feitoumpãodemilho assando eaoutravaiseretorcendoaolhosvistos – é vejamos vamosverisso aí – dápraveraolhonu acoisaintumescendo comosefritassem massade arroz. Massuaspupilas selimitavamaficarremexendo pracimaprabaixo dentrodobrancodoolho assimcomoolhosdeumpeixinhonoaquário. Havia apenasavisãoesmaecida dorostopomposodaMayumi rindoformosamente balançandovagarosamente comoalgamarinha. Enterradonessecheirode cosméticosdeespicaçaronariz O.riagritavabatiapalmaseria.

Porqueéquesó O. tinhaaquelequêdeforte? Comcerteza O.deveter proibidoaMayumidedefinhar. Deveterdadoordensexpressas. Belo trabalho. Força. Determinação. – ? essequêdeforte ondeéqueseconsegue isso? Eu – seeutivesseisso nãoficavanessapior – trabalhava – emuito bemtrabalhado – tinhavontadedeabrirajanela epular. Tinhavontade demesoltar dessecordãotenaz quemeligaàesposa esaircorrendosem olharpratrás. Quesuma tudooquenãoestáligadoàminhavontade! Fechemos! Fechemosbemfechado! Mastambém queoutronomeissotem senãoforça? – olhosjábemvermelhos atiçadoscomumquêdeassassino ficouaprocurarumburacoprarespirar nomurodoêxtaseespelhado quebruxuleava. Tremiaquesó só. Comosedentrodocrâniototalmentevazio assomasseumfuracão elehaviasetransformadonumbêbadoimundo completamenteincaz dediscerniroantesdodepois.

Nessemomento aMayumisussurraalgoemseuouvido. Eleencolhe opescoçoinstintivamente eficamexendocomalíngua praforadaboca. Mas dequalquejeito achoquebebidemais – alémdeestarbêbado achoquecomi demais. Mayumi, doquevocêestáfalando? "Osenhorachaqueeunãosei queeleéummentiroso? Claroquesei. (Eaí?) Eledizqueéartistaplástico. Devecontarhistóriasabsurdas. Vêseosenhordáunsconselhos – pranãoficar achandoqueomundoédele – queaMayumiaqui nãosedeixaenganar – porqueéquefaçoisso? bem éverdadequeestarapaixonada estousim umpouquinho – osenhorsabené(claroquesei) onegócioéqueagente precisadeumcordãoqualquer mesmoquesejaumtrastedesses praviver (oquê?oquê?) penseumpouco tá! seagenteganha3,4*wons*numanoite emquesevaigastartudoisso? – comprarcosméticos? Comprartecidopra fazerroupa? É tácerto. Umavez duasvezes queseja poralgumasboasvezes agenteatéfazisso tudodobomedomelhor – masdápracomprarcosmético tododia? Tecidotododia? Queéquesefazcomaquilotudo? – logologo agenteenjoa – eentão dápramendigo? Deusmelivre! – oquemaisodeio nestemundoémendigo. Poisé dequalquerjeito umtrastedesses é aindamuitomelhor doquecosméticosoutecidos. Éporqueagente não enjoatãofácilassim ouseja seohomempassaanoitefora – não nãoéisso – éumpoucodiferente. Dequalquerforma quandoànoite agentesedeixa explorar poressetrasteaí odinheirinhoqueagenteganhou brigandoaqui brigandoaliodiainteiro – não, maisdoqueisso, quandoagenteentrega demãobeijada tudinhoqueagenteganhou agentesenteumgrandealívio. Temumgostinhobommesmo. Istoé écomoseeucriasse comminhas própriasmãos aaranhaquemesuga. Masquandopenso queessetrasteaí preenchemuitobem essevaziodentrodemim quesedaneodinheiro pelo contrário ficopensando senãosoueuaverdadeiraaranha. Tudoacabaria poraqui seeudeixassedeganhar umtostãoquefosse masdealgumaforma essavidajáentranhounaminhapele édifícilpararardeumahorapraoutra mastambémnemquero. Ranjotodososdentesquetenho esperneiodesvairada etirooquedá."

Meias – elepensounasmeiasdaesposa. Eraincrível todanoite notase moedasdespencavamdasmeiasdela[16]. Quandoumamoedade50centavos caíaerolavapelochão otilintarqueseouviaeracomcerteza asensaçãomais soleneesublime nãocomparávelanadanestemundo. Eestanoite quantas moedasmais seráqueelavaicuspirdesuascanelas abatatadaperna magra como*bugó*[17] todamarcadadedinheiro – odinheirocavandoburaconacarne

16. A profissão de garçonete não implica, necessariamente, prostituição. O dinheiro a que se refere o texto é de gorjetas, mas provavelmente sem envolver sexo.

17. Peixe nativo semelhante à pescada, chamado *myón^g-té* em coreano: à sua forma salgada e seca, dá-se nome de *bugó*. Metáfora visual para a magreza da esposa.

vaiverquéeisso queestásugando aenergiavitaldelatodinha. Ah aranha – tinhameesquecidodaaranha – odinheirotambéméaranha – maseessa duplaaranha àminhafrente fortesdemais – nãosãomesmofortesdemais? Espetoumcigarronaboca – hãm escuteesposa. Porquediabosvocême sustentadessejeito praeunãomorrer? Oquevocêpensaqueeusou? – morrer – viver – eleeravulgar. A suaexistênciaerapordemaisrisível. Ele zombavadesimesmo alémdaconta.

Mas – sãoduashoras – ospassosseapertam emdireçãoaoquarto – aquelacavernainebriante. Depoisdeváriasruelas – O., vápraonde vocêtemqueir – cadavezquevia janelasemaisjanelas clarasecálidas – galo – cachorro – boi, estesódeouvir – ecartãopostal – segurandonamão umpaviofervente eleiadesmoronando jorrandoemdireçãodoquarto incandescente. Osanguedocorpointeiro – opeso – elajádeveestaremcasa – deveestaresperando fazmuitotempo mascoisainútil essadeficarbêbado – masbeber atéacinturaderreter seubesta? – seubesta – essespassosdisparatados – Respiremosfundo comtodaforça pradentro. Respiremosfundocom todaforça. Eagüentemos. Queseja. Enlouqueçamosdeumavez.

Masoqueserá? Aesposanãoestavaesperandonoquarto. Aha chegou odia. Odiaemqueelairiaembora enquantoficosemsaberdomotivo – justo hoje? Mas(antesdesaberporqueelaviera) enquantopassoosdias sem saberporquesefoi vocêvoltaránovamente – bom jáqueestoudepéevestido. Melhor – seráquefechotudodeumavez? Cairdeveznumburaco pra queomundonãomepossamaismenosprezar mesmosequisesse – nãopode édardardeixapraessagentepegarnopé. CaféR. – ondeamanhã aagênciaA. daráumafestaderéveillon praconvidados – aesposa – omeucumprimento queaqueleproprietáriogorducho recebeuelevou – elefezaparecersua figuraesfrangalhadacambaleante pelaportadosfundos desseCaféR. – quedeveriaseramaldiçoado – ondeficavaacaixa. Caixa, euseidetudo porquantovocêscompram eporquantovendem – edaí seeusei – ei, senhora deóculos, deixeeufazerumapergunta. (nossasenhora quetumultodegente comoéquesevivenessaconfusão!) Asenhoraestavacarimbando pedaços depapel quepareciamboletimescolar umtrásdooutro sómacarimbada porfolha. Aesposasempredizia. Nãoimportavaquantoganhasse onegócioerairpagando só1wonporvez – semjuros éoqueeladiz – como, sem juros? – (evocêsabe?) – odinheiro – nãoeraigual? vocêjáficouescolado nissoé? E"ondeestáaNamiko[18]porfavor?" "Vocêéumparentedela? Elaagoraestánadelegacia." "Elafezalgoerrado?" "Nããão – meudeus comovocêépoucoesperto!" éoqueparecequererdizer ocozinheiro precipitadodedentro comafacanamão. Dizpraeuprestaratençãodireito. Aesposarolouescadaabaixo. Masporqueéquevocêémagreladessejeito? – aiaiai mesolta, fala, aiaiai mesolta (lágrimassaltamdosolhos) Evocê porqueéquevocêégoooordodessejeito parecendoumporcobranco?[19] – Oquê, porcobranco? – Não, nãoéqueéporcobranco – Suamaldita! Eassim foichutada, echutada, rolouescadaabaixo etendoroladoescadaabaixo sentiuraiva tudodavaraiva. "Elanãosemachucoumuito masumtraste daquele agentetemquedarumalição eporissochameiapolícia." Tábem queachamassemdemagrela mascomoéqueelateveaaudácia deresponder aumabrincadeiradeumclientedistintodaqueles? Tá equerespondesse, mas, porcobranco? Édemaisné? – Isso, pensaumpouco, oqueelaésenão magrela? – Claro – Eumesmo, mechamandodeporcobranco... – masme chamandodemagrela masmechamandodeporcobranco – masmas me chamandodemagrela – bom eutambémsoumagrelonaverdade – mas issonãopodeser – masporcobranco? sópodiachutarmesmo – masveja porcobranco? Seeufosseciente etivesseouvidotalinfâmia – não, seeu fossegarçonete – páracomessabesteira – seeufosseciente teriaé dadounsbofetões! Mas, venhacáesposa, chamálodeporcobranco foimuitobemfaladomesmo éporissoquefoichutada! Masafinal deque ladoestou? Praquempensoqueestoutorcendo? Poisé devetermachucado umbocado aqueletrequetrequedeossos – devetersidocomoumprato quebrando – Dói. Dói. Antesqueavistaescurecesseporcompleto omensageirochegoutodoofegante. Dizemqueépromaridocomparecer. Soueumesmo ahquebomqueosenhorestáaí. Éumcafajeste, prestequeixa.

18. Tanto Namiko quanto Mayumi, nomes japoneses, são apelidos de garçonete. Improvável que se trate de mulheres japonesas.

19. Chamar alguém de porco evoca muito mais a idéia de "gorducho" do que de "sujo" na cultura coreana. Isto ocorre porque o ideograma para porco, na leitura coreana, é *don*, homófono de "dinheiro" no vocabulário nativo. Por isso, a figura do porco sempre esteve associada à idéia da riqueza. No contexto acima, além do significado de "gorducho" e "abastado", a expressão provoca a idéia repugnante de alguém que se empanturra de comida, deixando ainda uma leve insinuação de se estar locupletando à custa alheia para esse fim. Numa tradução mais livre seria algo como "gorducho branquelo".

Asatençõesdasgarçonetesdosgarçonsedocozinheiro estavamtodas concentradas sobreumaúnicafigura aNamiko queacoisanãoestava cheirandonadabem. Saladeplantãodadelegacia – coisaestranha – primeiro, odelegado eopolicial oO. ogorduchodonodoCaféR. eocriminosoqueparecia defatoumporcobranco (aquiloali atépramim teriasido fácilchamarde porcobranco) Eaesposa agachadatodaencolhida nafrentedoaquecedor aindaazuldesusto notamanhodeumaratinha – ele, parecendoum perfeitotonto ficouavarrercomosolhos repetidasvezes essacenaincrível – essacombinaçãoabsolutamenteimprováveldeseres. Cambaleante ele andouatéoporcobranco eficouolhandoporumtempão praaquelacaraoleosa emqueescorriasebo atéquesoltou "Entãoéosenhor?" "Entãoéosenhor?" Atéparecequeeramconhecidos poisficaramseolhando comsorrisosnorosto – mas peraaíesposa dáumtempo peloamordedeus paredechorar vamos tentarconversarumpouco. Fuuu – depoisdeumbomsuspiro aembriaguez quehaviadadoumapausa subiuderepente tudodeumavez epareciaqueia desmaiaralimesmo naqueleinstante. Eleseachegaaesseporcobranco coma pontadacamisasaindopraforadacalça. "Osenhorestáaparentandomuita fraqueza". "Vocêquerdizeroutracoisa." "Comoassim outracoisa?" "Éoutra coisané?" "Comoassim queéoutracoisané?" "Hãm, mastôdizendoque éoutracoisa?!" "Mascomoassim, hãm, quetádizendoqueéoutracoisa?!" Nessemomento odelegadonãosecontevemais edeuumberro. Eacada perguntaqueohomemfazia Vocêémesmo omaridodaNamikonopapel? Qualéoseunome?Qualéasuaprofissão?elesimplesmenteficavaassentindo comacabeça infinitamentepolido. (Peraaí nãoépravocêficar sóbaixando elevantandoacabeça assimàtoa masdecida eentão vaiprestarqueixa? Querodizer oquevocêquerquefaçamoscomele? Siméisso. (Poracaso aosolhosdevocês eupareçomaisdoqueumverme? Seeunãosouber oqueeuquerofazercomele nacertaapolíciasaberá ealémdisso poracaso vocêsfariamdeverdade aquiloqueeuquereria?) Praquemdevoperguntar oqueeudevofazeragora? EiO., queestáaíempé, evocê patrãodaminha esposa, porfavor digamme oqueeudevofazer? Lágrimas corriampelorosto. Oálcoolembriagavacadavezmais. Elenãotinhacabeça nemcoragem prasequerabriraboca pradizerqualquercoisa. O.eopatrãogorducho dãotapinhasnoombroconsolandoo. "Nãoéoutrapessoa senãoodiretor daagênciaA. Dissequeestavabêbado. Considereisso. Vocêtambémdeve saber sabecomoéné seodiretornãoestiver nafestade*réveillon*deamanhã serápiorqueaausênciadopresidente. Nãotemcomovocêschegaremaum bomacordo?" "Acordo?Emfavordequem?" "Desseamigoaqui." "Queamigo?" "Entãopelanossaagência." "Poracasovocêéopresidente?" Nesse momento opatrãogorduchodiz "Entãopelasuaesposa." Foram 100*wons*duasvezesdeempréstimo. Ficaramainda150*wons* – entendibem. Estámeameaçandoné. "Olha, issoéhistóriapracrianças masnomundo temcoisasinacreditáveisassim. Ouseja éumahistóriaemque100*wons* deveriamsetornar500semfalta emtrêsmeses masesses500*wons* quedeveriam teraparecidosemfalta sumiramcompletamentedomapa porterempassado quatromeses, nãoémesmoumahistóriafantástica? (EiO., vocêachaque estousendomesquinho?) Bem, seexisteumahistóriatãoinacreditável quantoessa oqueseriachutarumarelesgarçonete senãoumacoisinhaboba? (MasolhaO., temnadanão temnadanão) Gente, voumeembora porque diabos todosvocêsmeaporrinhamdessejeito? Eunãoquero émeter omeunarizemnada. Querofermentarempaz esseálcoolqueestádentrode mim. Deixemmeirporfavor. Voulevaraminhaesposa. Deresto façamoque quiserem."

Noite – aprimeiranoite depoisdaschuvasseexaurirem – erauma noiteincrivelmenteseca. Esposa, vocênãopodedefinharmaisdoqueisto. Dejeitonenhum. Istoéumaordem. Masaesposaficouseagoniandodefebre atéraiarodia gemendofeitoumpardalzinho. Aoladodela, ele, issosem consideraçãonenhuma, adormeceudepronto assimquecaiuaochão efungouanoiteinteira. Atéroncou coisaquenãofaziaantes – ah – quemé mesmooporcobranco? eleestavacansadodemais. Eleestavasimplesmente estupefato.

Nessemeiotempo – umlongotempo.

Aesposasaiupelamanhã. Équeomensageiroveiochamá-la. Disse queiaàdelegacia. Disserampraelevirtambém. Estavafartodetudo. Depois deterpostoportaafora aesposaaindamancando eleescancarouumenorme bocejo sobreomundohumano. Preguiçarsemfim, issosim émesmoo melhordetudo. Comtodasasportasfechadas asetechaves edentrodo quartosemgemidosdedor destavezqueriadormirpravaler – peloamorde deus tantoquantopossível queaesposademorasse equesóvoltasse lápelanoitinha ouentão – dependendodocaso chegouatéadesejar quea esposafosseemboradevez. Queriacair numsonoprofundoprofundo aomenosumavez comasduaspernasbemesticadas. Duashorasdatarde – eramduasnotasde10*wons*. Aesposaàsuafrente nãoconseguiadisfarçarumsorrisobobo. "Queméquedeuisso?" "Oseuamigo O.foiquemdeu." O., O., édefatovocêO. (Esteéopersonagemprincipal dahistóriapracrianças queengoliunumatacada osseus100*wons*.) As lembrançasdopassadosaudosomudam. Tudomuda. Pormaisqueelefeche asetechaves todasasportasdestequarto efiquelargado os12mesesdoano semmesmofazerabarba, omundo, munidodasuacruel"relação", perfura aparedeeinfiltra. Dormiuumsonoverdadeiro esticado umsonoque podiasedizersono coisaquehámuitonãofazia. Acabeçaadquiriaclareza poucoapouco. "QuerdizerquefoiO.quemdeu digalá oquefoiqueele disse aodaristo?" "Dissequeodiretoracordoudabebida epediumil desculpas." "Atéondevocêfoi prareceberisto?" "Atéacaixa." "Beleza! É, evocêrecebeuisso assim comoumsapãoengolindomosca?" "Eunãoia aceitar maseleinsistiuqueooutropediusincerasdesculpas." Entãonãoé dinheirodeO. Dodiretor? Dopatrãogorducho? Asduascoisaseram possíveis. Não, serão10*wons*decadaum? Porqueéqueacabeçaclareianesses momentos? Nãoseriaperfeitoseficasseturva apontodenãopoderpensar emnada? Tardede*réveillon*. Queixa. Indenização. Verme. Aesposahumana piorqueverme. Dizquedóitudo masestáradiante. "Jáqueéumdinheiro queapareceudonada vamosgastarné? Hojenãoquerotrabalhar. (nempassa pelacabeçadela comprarpomadaepassarnoshematomas) Amanhãàtarde vaiumcortedetecidoprasaia eumoutrocorteprablusa (umdissooutro daquilo) (bom, depoisdetorrar10*wons*assim) Com10*wons*querestam pretendoencomendarumpardesapatospravocê." Façaoquevocêquiser. Estouécomsono. Morrendodesono. Nãomeconsulte nemquesejapra assoaronariz comessedinheiro. Aessashoras quefestamaisimponente nãodeveestaracontecendo noterceiroandardoCaféR., equeposededistinto nãodeveestarfazendo aqueleporcobrancododiretor comacamisapradentro dacalça. Dacelaprafesta (dafábricaprolar) vale20*wons* maisdeduzentas pessoas – peru – presunto – salsicha – toucinho – porcobranco – umano atrás doisanosatrás dezanosatrás bigode – sãocomocinzas játotalmente frias – oresto – ossos oquemaissobrou alémdessasmarcassujas? – eraum janeiro comabocabemescancarada postoàfrentedele elequeaprodrecia vivo – durante1anofechado. Parecequeaquilopôdeservirdeconsolo. Elaadormeceuprofunda mente. Alâmpadalançavaumolharsilencioso comosedissesse quetinha penadosdois. Nãobebeuumgoledeáguaodiatodo. Porcausade20*wons* ocasalprecisavacomerpraviver. Leiinexorável elepodiatransgredir por completo estaleisolene.

Eessaagora istosópodeseraqueleesdrúxuloebizarrofenômeno fisiológico istoé issoaquideveseroestadodefome. Estoucom fome. Éridículo. Évergonhoso. MasolhaO., comparandoaminhavidacomasua, ounão, comparandoasuavidacomaminha qualdasduaséverdadeiramente superior hein? Não, qualdasduaséverdadeiramenteinferior hein? Ele jogouocasaconascostas pousouochapéunacabeça – esemesqueceros 20*wons* colocouosnobolso esaiudecasa – istoé doquarto. Anoiteestáfosca pelaneblina. Oar temumgostoacre talvezestivesseapodrecendopravaler. Alémdisso – édefatoaranha. (regressão) levouosdedosaonariz eficoua cheirálosatentamente. Cheirodearanha... – masimpregnadoneles havia somenteaquelecheiroácidodos20*wons* queficararemexendo pracápralá dentrodobolso. Estecheirinhoácido – porcausadestacoisinhaaqui o mundonãoconsegueficarquieto edevezemquando saidandoporrada em genteinocente – devezemquandoéapelido. Quantasbaixasjánãotem causado. Eraumsentimento confusoindiscernível. Aranha – éisso – dearanha sótemeuaqui. Veja. Praondeestásedirigindo essespalpopegajoso dessa aranhaaqui – Umsúbitocalafrio eumsuorfriocomeçaabrotar.

Palpoirado – Mayumi – afêmeacheiadesidoO. – umjoguete coisa vazia – nãohájeito. Os20*wons*emmãos – Mayumi. Com10*wons*eubebo e10doudegorjeta seaMayuminãoceder, ha, aíchamoadeporcabranca pronto. Esenãoadiantar os20*wons*vãovoaràtoa – tudoemvão – masedaí? édinheirocaídodonadamesmo. Eidiretor façaaesposarolarescadaabaixo maisumavez. Sãomais20*wons*. 10*wons*bebida 10*wons*gorjeta. Eseaindaassim aMayuminãoceder chamoadeporcabranca esenãoadiantar os20*wons* vãolevantarvôoàtoa. Porfavor. Esposa digaporcobranco noouvido daquelediretormaisumavez. Eseeletechutar roleescadaabaixo sem soltarumpio[20].

20. Escrito, provavelmente, no início de 1935, e publicado em junho de 1936.

ASAS

Conhecem o "gênio que acabou empalhado"? Sinto-me alegre. Quando assim, até namorar me alegra.

Somente quando o corpo está mole mole moído de cansaço é que o espírito se apresenta límpido como uma moeda de prata. E quando a nicotina penetra por estas entranhas enverminadas, abre-se, infalível, um papel em branco na minha mente. Sobre ele, espalho paradoxos e chistes como pedrinhas de lambujem numa partida de *paduk*[1]. Desprezível doença do bom-senso.

Também planejo uma vida ao lado de uma esposa. Uma que já tivesse esquecido das técnicas do namoro; uma que tivesse dado uma espiada no limbo da intelectualidade, digamos, uma espécie de atleta mental. Digo, penso em planejar uma vida em que eu receba apenas a metade – isto seria a metade de tudo – de uma esposa dessas. Com um pé enfiado numa vida assim, a idéia é ficar se encarando um ao outro e se dando gargalhadas feito dois sóis. É, talvez eu tenha chegado ao limite da suportabilidade quanto à falta de graça de todas as coisas mundanas da vida. *Goodbye*.

Goodbye. Não seria mal que você praticasse por vezes a ironia de se deleitar com o prato que mais detesta. Chistes e paradoxos e...

Também é de tentar um plágio de si mesmo. Comparada às obras consagradas que jamais vi, a sua seria antes mais simples e mais nobre.

---

1. Jogo oriental originário da China, conhecido como Jogo de Gô, que consiste num tabuleiro quadriculado e pedrinhas brancas e pretas, colocadas nos cruzamentos. O objetivo é formar territórios fechados com as pedrinhas, conquistando o maior espaço possível sobre o tabuleiro. Uma vez fechado um espaço, as pedrinhas do oponente que ficaram aprisionadas são retiradas do tabuleiro. O espaço vazio interno, então, fica sendo a terra conquistada. Quando se confrontam dois jogadores de níveis muito desiguais, é comum permitir que o jogador mais fraco espalhe algumas peças no tabuleiro como lambujem antes do início do jogo, em locais predeterminados.

Tanto quanto possível, bloqueie o século dezenove. Por pouco, o chamado espírito dostoievskiano parece ser um desperdício. Que Hugo era um naco de pão francês, seja lá quem disse, sábias palavras, parecem-me. Mas, o que é isso? Deixar que a vida ou a maquete dela te engane com detalhes? Não deixe que a desgraça se abata sobre você. É o que peço...
(Quando a fita se parte, sangra. Acredito que a ferida também não vá demorar a sarar. *Goodbye.*)

O sentimento é uma espécie de pose (também não sei se estou apontando apenas a essência dessa pose).
Quando essa pose chega ao estado de total imobilidade, o sentimento, então, estanca de vez o seu fornecimento.

Acabei estabelecendo uma visão de mundo relembrando a minha nada ordinária infância.
A abelha-rainha e a viúva – tantas esposas no mundo, será que há alguma que não seja, em sua essência, já viúva? O quê!? Quer dizer que a minha teoria de que toda esposa é, no seu dia-a-dia, cada uma, uma "viúva", soa como uma blasfêmia? Que estranho. *Goodbye.*

Aquela casa número 33... A sua estrutura não deixa de ter um quê de prostíbulo.
É que num só número estão enfileiradas ombro a ombro 18 casinhas, com portas e janelas iguais, e entradas para carvão[2] iguais. Como se não bastasse, as pessoas que vivem em cada uma dessas casinhas são jovens como botões de flores.
O sol não entra. Essas pessoas fazem que não vêem o sol nascer. Com a desculpa de secarem os lençóis manchados, estendem-nos em arames amarrados no alto das portas de correr e bloqueiam os raios de sol. Dentro de seus escuros quartos, tiram soneca. E essas pessoas não dormem de noite? Não tem como saber. Não tenho como saber essas coisas, pois tudo o que faço é dormir, dia e noite. A tarde nas 18 portas do número 33 é só silêncio.

2. Refere-se a *agumji* (ver notas 7 e 10 do "Registro de Pânico", pp. 31 e 32), entrada para carvão. No texto, essas portinholas parecem estar na parte frontal, o que é pouco comum. Normalmente, ficavam nas laterais ou no fundo, dando para a parte mais interna da casa.

Silêncio, também, só à tarde. Pois quando começa a escurecer, essas pessoas recolhem os lençóis. As 18 portas, depois de acesas as luzes, têm muito mais esplendor do que à tarde. Até que escureça por completo, as portas de correr correm pra cá pra lá sem parar. A coisa fica movimentada. Vários cheiros começam a se espalhar. Cheiro de peixe assando, cheiro de ovos, cheiro de arroz lavando, cheiro de sabonete...

Mas, mais do que essas coisas, são os letreiros que fazem a gente acenar com a cabeça sobre esse endereço.

Apesar de estar retirado num canto, meio que improvisado, existe sim um portão principal para essas 18 portas. Mas é um portão que jamais esteve fechado, um portão que se confunde com a rua. Vendedores ambulantes de toda sorte podem entrar e sair por esse portão a qualquer hora do dia. Essas pessoas não compram queijo de soja na soleira do portão, como é de costume, mas simplesmente empurram a portinha de correr e compram praticamente sentadas em seus quartos. É claro que não faz sentido nenhum colocar os 18 letreiros todos juntos amontoados no portão do número 33[3]. Mas não se sabe desde quando essas pessoas acabaram criando a tradição de pendurar, em cima de suas portas de correr, letreiros, onde se liam "Recinto da Cem-Vezes-Perseverante", "Recinto da Bem-Afortunada"[4] etc.

Na porta do meu quarto também tem um letreiro, do tamanho de quatro etiquetas adesivas grudadas juntas, onde se lê o meu – não! o nome de minha esposa, o que não deve deixar de ser, ainda, um acatamento a tal tradição.

Mas eu não me dou com nenhuma delas. Não só não me dou como nem as cumprimento. Nunca me deu vontade de cumprimentar quem quer que seja além do cumprimento à minha esposa.

É porque sempre me pareceu que ficar conversando com alguma outra ou mesmo cumprimentá-la não pegava bem aos olhos de minha esposa. Minha esposa me era preciosa a esse ponto.

O motivo pelo qual minha esposa me era preciosa a esse ponto é o fato de eu saber que ela era a mais pequenina – como a plaquinha com o

---

3. Ver nota 6 do "Registro de Pânico", p. 29.

4. Em coreano, *Beguin-dán*[g], *Kilsán*[g]-*dan*[g] respectivamente. Referem-se aos codinomes dessas mulheres.

nome dela – e a mais linda das 18 portas desse número 33. Das flores desabrochadas em cada uma dessas 18 portas, a minha esposa, flor especialmente bela, era, de qualquer modo, a mais formosa de todas, sob este teto de zinco onde não batia sol. Assim, aquilo que se chamava minha existência, estando eu a guardar uma flor dessas – ou, melhor, estando a viver encostado a essa flor, não podia deixar de ser, na certa, um indescritível estorvo.

Eu, de qualquer modo, gosto do meu quarto – bem, não é bem uma casa. Casa, isso não era. A temperatura no interior do quarto é agradável, bem ao gosto do meu corpo, e o grau de escuridão dele é também agradável, bem ao gosto da minha vista. Eu não desejaria um quarto que fosse nem mais fresco, nem mais quente do que este. Eu não quereria um quarto que fosse nem mais claro, nem mais aconchegante do que este. Sinto-me sempre grato a este meu quarto, pois parecia que ele se mantinha sempre deste jeitinho, unicamente para o meu bem, e sinto-me contente, pois era como se eu tivesse nascido neste mundo para viver num quarto assim.

Mas isso não tem nada a ver com algo como calcular a felicidade ou a infelicidade. Digamos que não havia a necessidade de eu pensar se era feliz, e nem por isso, de pensar se era infeliz. A mim, bastava ficar assim preguiçando, à toa, dia após dia, assim, sem motivo algum.

Ficar estiradão rolando de um lado a outro nesse quarto que parecia roupa sob medida para o meu corpo e o meu coração é uma atividade que passa ao largo de cálculos mundanos de felicidade ou infelicidade. É a coisa mais cômoda e confortável, digamos, um estado absoluto. Gosto desse estado de coisas.

Este meu quarto absoluto é, exatamente, a sétima porta a contar do portão. Não deixa de ter lá o seu significado de número de sorte. Amei esse número sete como se fosse uma condecoração. Pois, pois, quem poderia imaginar que este meu quarto, dividido em dois por uma soleira ao meio, fosse, na verdade, o símbolo do meu destino?

A parte da frente[5] ainda pega um solzinho. Pela manhã, entra um solzinho do tamanho de um lenço grande, que, lá pela tarde, vai ficando do tama-

---

5. Numa casa normal, a parte mais interna do quarto era chamada "parte baixa" em contraposição à "parte de cima", mais perto da porta. Lembrando do tipo de calefação utilizado, como não era possível aquecer o piso por inteiro, a parte "nobre" do quarto era a "parte baixa" ou "parte interna" onde, por baixo, queimava o carvão. Como foi mencionado na nota 2, na casa

nho de um lencinho até se ir por completo. Nem é preciso dizer que o lado do fundo, onde nunca entra sol, é o meu. Não me lembro quem fez tal partilha, se a minha esposa ou eu, decidindo que o lado com sol seria o dela e, inversamente, este aqui sem sol seria o meu. Mas quanto a mim, não tenho queixas.

Sempre que minha esposa sai, pulo logo para o quarto da frente e abro a janela que dá para o leste, e a janela aberta deixa passar os raios de sol iluminando a penteadeira, e os vários vidrinhos se esfumaçam de tanto brilho, quase ofuscante, e ficar olhando-os brilharem com tanto esplendor é, para mim, uma diversão sem igual. Pego uma lupa pequenininha e fico brincando de fogo, chamuscando o lenço de papel, que só ela usa. A lente faz com que raios paralelos se dobrem convergindo num ponto da lupa, e esse ponto, então, esquenta e finalmente começa a chamuscar o papel, fazendo subir um fiozinho de fumaça, até chegar a fazer um buraquinho, e o gosto de ansiedade de alguns poucos segundos que isso causava era, para mim, mortalmente divertido.

Quando me canso dessa brincadeira, pego o espelhinho de mão dela e fico inventando um monte de brincadeiras. Espelho é um objeto de utilidade somente quando reflete um rosto. Fora disso é somente um brinquedo.

Logo me canso dessa brincadeira também. O meu espírito lúdico então salta do carnal para o mental. Largo o espelho, achego-me à penteadeira e fico a olhar aqueles vidrinhos de cosméticos enfileirados de tudo quanto é cor. Que coisinhas tão charmosinhas, mais do que qualquer outra coisa neste mundo! Escolho uma delas, tiro com cuidado a tampinha, trago a abertura do vidro junto ao nariz e experimento respirar bem de leve como que baixando a respiração. Quando aquele perfume sensual, com gosto de terras estrangeiras, permeia o pulmão, sinto meus olhos se fecharem lentamente. É, definitivamente, um fragmento do cheiro de minha esposa. Fecho a tampinha de volta e penso: que parte do corpo dela exalava este cheirinho... Mas não dá para saber ao certo. Por quê? Porque o cheiro de minha esposa devia ser a soma dos vários aromas aqui enfileirados.

em questão essa ordem está invertida, com as entradas para carvão na parte frontal. Ou seja, a parte do quarto que dá para fora fica sendo a "parte baixa" ou "interna", portanto, mais "nobre"', numa alegórica inversão espacial. A oposição cima/baixo, que corresponde à oposição frio/ quente e fora/dentro, invertida no texto, foi traduzida por frente/fundo.

O quarto dela era sempre um esplendor. Ao contrário do meu, que era tão simples, sem um prego na parede sequer, o dela tinha pregos à volta toda logo abaixo do teto, e em cada prego estavam penduradas saias e blusas coloridas que ela usava. É bom ver estampas de todos os jeitos. Vendo aqueles fragmentos de saias, fico imaginando e imaginando as várias poses nas quais posso ser um corpo só com minha esposa, em pensamentos nunca nada muito comportados.

Mas quanto a mim, não tinha roupas. Minha esposa não me dava roupas. Este terno de cotelê aqui era, ao mesmo tempo, a minha roupa de dormir, de ficar em casa e de sair. E um suéter de gola alta era a roupa de baixo que atravessava as quatro estações comigo. Todas essas peças são igualmente pretas. Presumo que isso seja para que não pareçam tão feias, mesmo lavando-as o menos possível. Vestindo uma delicada ceroula com três elásticos, na cintura e nas duas pernas, eu ficava quietinho e bonzinho brincando no quarto.

O sol que ainda há pouco era do tamanho de um lencinho já se havia ido, mas ela ainda não havia voltado. Como estava meio cansado das brincadeiras e também lembrando-me de que devo passar para o meu quarto antes que ela volte, volto para o meu lado. O meu quarto é escuro. Cubro-me e tiro uma soneca. Estas roupas de cama, que nunca foram tiradas daqui, são como partes do meu corpo, e sempre as recebo de bom grado. Às vezes é fácil adormecer. Mas tem vezes que não dá para dormir, com o corpo todo pinicando. Quando isso acontece, escolho um tema qualquer e fico a pesquisá-lo. Dentro das minhas cobertas um tanto úmidas, já fiz um monte de invenções e escrevi muitas teses. Também escrevi muita poesia. Mas, no momento em que eu adormecia, todas essas coisas se desvaneciam como espuma naquele ar lânguido que transbordava torrencialmente do meu quarto e, acordado após um sono, eu era apenas um punhado de nervos inchados parecendo um naco de travesseiro estufado com capinhas de trigo ou retalhos de tecido.

Por isso, o que mais eu detestava eram os piolhos. Mas no meu quarto apareciam piolhos até no inverno. Se é que posso dizer que tenho alguma preocupação na vida, esta seria a única, a de odiar esses piolhos. As mordidas de piolhos me dão coceiras, e eu me coço até sangrar. Ardem. Aquilo é com certeza um sutil prazer. Adormeço como uma porta.

Mas, mesmo naquela vida cerebral que eu levava debaixo das cobertas, nunca bolei algo de empreendedor. Não havia necessidade nenhuma para isso. Caso eu bolasse qualquer coisa assim, algo empreendedor, eu teria na certa que conferenciar com a minha esposa e, então, com certeza levaria um pito dela – o que para mim era mais uma aporrinhação do que propriamente medo. Preferia era ficar preguiçando como o mais preguiçoso animal já visto, a tentar trabalhar na condição de um indivíduo social ou ouvir coisas da minha esposa. Se fosse possível, eu até preferia tirar esta máscara de ser humano sem sentido.

A sociedade humana me era estranha. O dia-a-dia me era estranho. Era tudo simplesmente nada familiar.

Minha esposa faz duas abluções ao dia. Eu não as faço nenhuma vez ao dia. Eu ia ao banheiro às três ou quatro horas, no meio da noite. Em noites de lua clara, ficava no pátio assim paradão um tempão antes de voltar. Ou seja, eu quase nunca me deparava com ninguém dessas 18 portas. Ainda assim, eu me lembrava do rosto de quase todas essas jovens. Nenhuma delas se comparava à minha esposa.

A primeira ablução dela, lá pelas onze horas, é um tanto sumária. Mas a segunda, à noitinha, por volta das sete horas, é mais trabalhosa. Ela se veste com roupas mais limpas e melhores à noite mais do que de dia. E saía, de dia e de noite.

Minha esposa tinha uma profissão? Eu não sei dizer qual é a profissão dela. Se ela não tivesse uma profissão, não haveria a necessidade de sair assim como eu que não tenho uma profissão – mas ela sai. Não só sai como recebe muitas visitas. Em dias que tem muitas visitas para ela, tenho que ficar deitado no meu quarto o dia inteiro metido nas cobertas. Não posso nem brincar de fogo. Nem posso ficar cheirando os vidrinhos de cosméticos. Nesses dias, fico deliberadamente melancólico. Quando fico assim, minha esposa me dá dinheiro. Uma moeda de prata de cinqüenta *jón*[6]. Eu gostava daquilo. Mas como não sabia em que gastar aquelas moedas, sempre as largava na minha cabeceira, e assim elas foram-se amontoando. Um dia, minha esposa viu isso e comprou para mim um cofrinho com o formato de uma caixa-forte. Depositei as moedas ali uma a uma e ela levou a chave. Mesmo depois disso,

---

6. O centavo coreano corrente na época.

lembro-me de ter colocado outras moedas no cofrinho. E eu continuava a preguiçar. Um tempo depois, quando apareceu na cabeça de minha esposa um *binyó*[7] que eu não conhecia como se tivesse brotado uma espinha, teria sido aquilo a prova de que o cofrinho ficara um pouco mais leve? Mas, ao fim, eu acabei por jamais tocar o cofrinho da cabeceira. A minha preguiça não queria nem sequer evocar o ambiente com essas coisas.

Quando havia visitas para ela não me era fácil adormecer como o era em dias de chuva, por mais fundo que eu me enfiasse nas cobertas. Nessas horas, eu ficava estudando por que ela sempre tinha dinheiro, por que tinha sempre muito dinheiro.

Parece que as visitas não sabem de mim do outro lado da soleira. Dizem brincadeiras que eu mesmo não ouso dizer a ela sem embaraço algum. Mas três ou quatro deles eram, em termos comparativos, bastante distintos, pois, quando passava um pouco da meia-noite, iam invariavelmente embora. Mas entre eles também parecia haver homens de instrução rasteira: estes normalmente traziam comida para comer no quarto. Nessas eu também acabava me alimentando bem e, no final, passava muito bem.

Para começar, pus-me a pesquisar sobre qual seria a profissão de minha esposa. Mas com esta limitada visão e parcos conhecimentos, ficava difícil descobrir isso. Acho que vou acabar não sabendo qual é a profissão dela.

Ela só usava meias novas, sempre. Ela também preparava comida. Eu nunca a presenciei preparando comida, mas é que ela sempre traz as minhas refeições nas horas certas. Em nosso quarto não há mais ninguém exceto eu e minha esposa. Com certeza, então, essa refeição foi preparada por suas mãos. Mas ela nunca me chama para o seu quarto.

No quarto do fundo, eu comia sozinho e dormia sozinho. A comida era muito ruim. Os acompanhamentos eram muito chochos. Eu engolia goela abaixo a ração a mim oferecida em silêncio, como um galo ou um cão, mas não deixava de, por vezes, me ressentir disso intimamente. Minha tez empalidecia sem perdão e eu definhava. A cada dia perdia

---

7. Ornamento para cabelo em forma de um palito para fazer coque. Uma peça essencial no traje feminino coreano antigo, o uso do *binyó* ostentava a situação conjugal da mulher casada. Utilizavam-se, em geral, materiais nobres tais como jade, prata, coral, com uma das pontas ricamente trabalhadas, sendo, por isso, uma peça de grande valia no guarda-roupa feminino.

forças a olhos vistos. Em várias partes do corpo, os ossos saltavam aqui e ali por falta de nutrição. Numa só noite, tinha de me revirar dezenas de vezes na cama, pois os ossos começavam-me a doer.

Assim, eu, metido nas cobertas, ao mesmo tempo em que investigava a origem daquele dinheiro que ela sempre gastava com abundância, também pesquisava sumariamente o que seria a comida que vazava do quarto da frente para o meu através da soleira. Não conseguia adormecer.

Entendi. Entendi que aquele dinheiro só podia ter sido deixado por aquelas visitas inexplicáveis, que, para mim, não passavam de homens sem ter nada que fazer. Mas eu continuava sem entender de jeito nenhum esse conceito de cortesia. Por que eles deixavam dinheiro para ela? Por que ela tinha de receber aquele dinheiro?

Será que aquilo não era nada mesmo além de cortesia? Ou então seria alguma recompensa ou remuneração? Será que a minha esposa era, aos olhos deles, uma pobre criatura merecedora de compaixão?

Sempre que pensava nessas coisas, minha cabeça ficava e tornava a ficar confusa. As conclusões a que pensava ter chegado antes de adormecer só me causavam mal-estar, mas mesmo assim jamais cheguei a perguntar sobre essas coisas a ela. Isso porque geralmente tinha preguiça, mas também, depois de dormir um sono, sempre acordava outra pessoa, completamente esquecido disso ou daquilo, e acabava deixando tudo pra lá.

Quando as visitas se vão, ou quando volta de um passeio noturno, ela põe uma roupa mais confortável e vem me ver. Levanta as cobertas e tenta me consolar com palavras deveras estranhas ao meu ouvido. Eu então esboço um sorriso que não é nem irônico, nem amargo, nem alegre, e fito o lindo rosto de minha esposa. Ela abre um sorriso. Mas não deixo escapar um ar de tristeza que paira em seu rosto.

Ela deve perceber que estou com fome. No entanto, não tenta me empurrar o resto de comida do quarto da frente. Com certeza, um sinal de respeito a mim. Eu gostava disso, a sensação de uma certa plenitude no coração, apesar de estar com fome. Nada do que ela murmurou ao meu ouvido se retém. Somente a moeda de prata deixada por ela brilha tênue sob a luz da lâmpada na minha cabeceira.

Quantas moedas já terão se juntado dentro daquele cofrinho... Mas eu nem sequer experimento levantar o dito cujo. Eu apenas deixava cair as moedas pela frestinha que se parecia com uma casa de botão, sem qualquer motivação ou desejo.

Da mesma forma que era para mim uma pergunta sem resposta o porquê das visitas deixarem dinheiro para ela, era também uma pergunta igualmente sem resposta o porquê dela deixar dinheiro para mim. Ainda que eu não desgostasse de todo da idéia, era apenas pelo prazer daquele curto tato, insignificante, começando no momento em que os dedos tocavam a moeda até o momento em que a mesma desaparecia no bucho daquele cofrinho, sem que houvesse qualquer outro tipo de prazer.

Um dia, peguei o cofrinho, fui ao banheiro e o joguei na privada. Não sei dizer quantas moedas havia lá dentro mas era uma quantidade razoável de moedinhas de prata.

Quando pensava que vivia sobre a superfície da Terra e que esta Terra sobre a qual vivia percorria a imutável vastidão do espaço a uma velocidade inimaginável, tudo parecia realmente vão. Parecia que, sobre uma Terra tão diligente, eu acabaria tendo tontura, o que me dava vontade de saltar o quanto antes.

Depois de ter tido tais pensamentos dentro das cobertas, perdi até o ânimo de colocar as moedinhas de prata no cofrinho, uma e depois outra. Desejava que minha esposa fizesse uso do cofrinho ela mesma. Na realidade, cofrinho, dinheiro, eram coisas de que só ela necessitava, nunca tiveram sentido algum para mim, e por isso esperava que, tanto quanto possível, ela levasse o dito cujo para o quarto dela. Mas ela não o faz. Pensei em levá-lo eu mesmo para o seu quarto, mas ela andava recebendo tantas visitas, que eu nem tinha a oportunidade de ir até o quarto dela. Assim, sem ter o que fazer, foi que acabei jogando-o na privada.

Com um certo ressentimento, fiquei esperando a bronca de minha esposa. Mas ela, ao fim, nem perguntou e nem disse nada. Não só. Não é que ela continua a deixar dinheiro na minha cabeceira?! Na minha cabeceira amontoou-se uma boa quantidade de moedas.

Dentro das cobertas, comecei a pesquisar novamente se haveria mesmo algum outro motivo além de uma espécie de prazer – tanto no fato das visitas deixarem dinheiro para a minha esposa, quanto no fato dela deixar dinheiro para mim. Continuei a pesquisar: se era prazer, que tipo de prazer poderia ser esse. Mas isso era demais para uma pesquisa realizada dentro das cobertas. Repetia: prazer, prazer, e inusitadamente, esta era a única questão que me despertava interesse.

Sem dúvida, minha esposa vem me mantendo praticamente em cativeiro. Quanto a mim, não há por que ter queixas. Mas mesmo assim eu queria comprovar a existência ou não desse prazer.

Aproveitei uma saída noturna da minha esposa e saí para a rua. Já na rua, troco em notas as moedas de prata que não esqueci de trazer. Dão uns bons 5 *wons*. Coloco-as no bolso e fico a perambular à vontade pelas ruas com o objetivo de perder o rumo. A rua, que há tanto tempo não via, excitava meus nervos ao ponto de estarrecimento, e muito além disso. Logo acabei ficando exausto. Mas agüentei. E fiquei errando pelas ruas aqui e ali sem destino, esquecido do motivo disso, até a noite avançar. É lógico que não gastei um tostão. Nem passava pela minha cabeça gastar aquele dinheiro. Parecia que eu já tinha perdido por completo a faculdade de gastar dinheiro.

Realmente não podia agüentar o cansaço mais do que isso. Com dificuldade, consegui achar a minha casa. Sabendo que para chegar ao meu quarto eu deveria atravessar o de minha esposa, fiquei preocupado em saber se ela tinha visita. Postei-me em frente à porta e tossi meio embaraçado, e eis que a porta de correr desliza cheia de maldade e o rosto de minha esposa, e atrás o de um homem desconhecido, surgem a olhar em minha direção. Ofuscado pela luz repentina jorrando pela abertura, fiquei vacilante por uns segundos.

Não é que eu não tivesse visto o olhar pontiagudo de minha esposa. Mas eu não tinha outra saída senão fingir que nada vi. Por quê? Porque, de qualquer jeito, eu tinha de atravessar o quarto dela...

Enterrei-me nas cobertas. Acima de tudo, sentia uma dor insuportável nas pernas. Dentro das cobertas, o peito balançava forte e parecia que eu ia mesmo desfalecer. Embora não tivesse percebido enquanto andava, estava ofegante. Um suor frio escorria-me pelas costas. Arrependi-me de ter saído. Queria esquecer logo esse cansaço e adormecer. Queria ter um beeelo de um sono.

Fiquei deitado de bruços, meio de lado, até que o batuque do peito foi-se acalmando pouco a pouco. Assim, até que já dava para agüentar. Virei o corpo, e deitei-me reto olhando para o teto com as pernas beeem esticadas.

No entanto, não pude evitar uma nova palpitação no peito. É que, através da fresta, eu começara a ouvir cochichos vindos do outro quarto entre a minha esposa e o homem, em vozes quase que imperceptíveis. Abri bem os olhos para ouvir melhor e baixei a respiração. Mas então, ela e o homem já haviam se levantado, e eu parecia ouvi-lo a dar tapinhas na calça, vestir o casaco e o chapéu. Em seguida, ouvi a porta de correr se abrir, a sola do sapato pisar o degrau[8], logo alcançando o chão do pátio com uma batida surda, os passos de minha esposa atrás do homem e, em meio a um arrastado seco seguido de uma leveza, os passos dos dois desapareceram em direção ao portão.

Eu nunca havia visto tal atitude por parte de minha esposa. Ela jamais cochichara com outro homem. Sempre enfiado nas cobertas neste lado do quarto, posso ter deixado escapar por vezes algumas palavras que bêbados balbuciavam com as línguas já endurecidas, mas jamais perdi uma palavra sequer da boca da minha esposa, sempre proferidas num volume que não era nem alto nem baixo. Mesmo quando eram palavras nada aprazíveis de escutar, sentia-me suficientemente tranqüilo pelo fato delas chegarem aos meus ouvidos num tom de total naturalidade.

Uma atitude dessas, com certeza, devia esconder algo nada ordinário, pensei, e senti-me um tanto desapontado, mas, mais do que isso, como estava um pouco cansado demais, hoje, somente hoje, decidi firmemente não ficar estudando nada dentro das cobertas e esperei o sono chegar. O sono custava a chegar. Minha esposa, que fora em direção ao portão, também custava a voltar. E, nesse meio tempo, acabei adormecendo. Um sonho que continuava a vagar por paisagens de ruas confusas e indecifráveis.

Fui sacudido violentamente. Ela voltara depois de ter-se despedido da visita e se pôs a me sacudir. Num sobressalto, abri os olhos e olhei para o seu rosto. Não havia sorriso em seu rosto. Esfreguei um pouco os olhos e observei-o bem. Pairava ira em seu olhar e seus lábios finos tremiam. Senti que não seria nada fácil aplacar essa ira. Eu simplesmente fechei os olhos. Estava esperando que caísse um raio sobre mim. No entanto, ouvi apenas um leve suspiro, e, em seguida, o farfalhar de sua saia e o deslizar da

---

8. A construção típica coreana está assentada num nível superior ao do chão cerca de meio metro e, por isso, há um degrau – normalmente de pedra – entre a porta e o chão.

porta. Ela voltou para o seu quarto. Virei novamente o corpo e me cobri inteiro debruçado sobre o chão[9] feito um sapo, e assim debruçado e meio faminto, eu me arrependia novamente de ter saído esta noite.

Dentro das cobertas, pedia perdão a ela. Que isso era mal-entendido seu...

É que, na verdade, imaginei que a noite estivesse já bem alta. Eu nem sonhei, mesmo, que ainda não fosse meia-noite, como você me diz. Eu estava cansado demais. Foi um erro andar tanto, depois de tanto tempo sem sair. Se eu havia cometido algum erro, seria esse e nada mais. E por que é que eu saí?

Eu queria experimentar a sensação de dar os 5 *wons* – que parecem ter-se amontoado sozinhos na minha cabeceira – para qualquer um que fosse. Era só isso. Mas se me disserem que isso foi um erro da minha parte, terei de aceitar que sim. E não é que estou me arrependendo?

Se tivesse sido capaz de gastar aqueles 5 *wons*, não poderia ter voltado para casa antes da meia-noite. Mas as ruas eram movimentadas demais e havia gente demais fervilhando por todo lado. Não conseguia discernir quem eu deveria parar para dar aqueles 5 *wons*. E, nisso, acabei, obviamente, ficando cansado.

Acima de qualquer coisa, queria descansar um pouco. Queria me deitar. Não havia outro jeito senão voltar para casa. Pelas minhas contas, devia ser já bem tarde da noite, mas por infelicidade não era ainda meia-noite, uma pena. Sentia por isso. Eu poderia pedir perdão o quanto fosse preciso. Mas, se até o fim não consigo desfazer esse mal-entendido, o que vale então ficar pedindo perdão desse jeito? Era lamentável.

Tive que ficar assim por uma hora, nessa angústia. Foi daí que chutei as cobertas e, cambaleando, avancei em direção ao quarto dela. Quanto a mim, já não estava mais consciente dos atos. Só me lembro, a muito custo, de ter caído sobre as cobertas dela, ter tirado do bolso da calça aqueles 5 *wons* e tê-los empurrado para dentro da mão dela.

Quando acordei na manhã seguinte, estava no quarto de minha esposa, dentro das cobertas de minha esposa. Esta foi a primeiríssima vez, desde que passei a morar nesse número 33, que dormi no quarto de minha esposa.

---

9. Chão aqui se refere a *yô* (ver nota 2 da *Aranha Encontra Porco*, p. 46), o qual é estendido diretamente sobre o piso para dormir.

O sol já estava bem alto na janela, mas ela já havia saído e não estava mais ao meu lado. Não! Talvez ela tenha saído durante a noite enquanto eu estava inconsciente. Mas eu não estava a fim de ficar pesquisando essas coisas. Só sei que o corpo inteiro estava moído e não tinha forças nem para mover um único dedo. A luz do sol, um pouco menor que o tamanho de um lenço, feria a minha vista. Dentro dela, uma infinidade de poeira suspensa turbilhonava como uma cultura de microrganismos. Senti o nariz entupir de súbito. Voltei a fechar os olhos e a me cobrir por inteiro, tratando de iniciar uma soneca. Mas o cheiro do corpo de minha esposa que me roçava o nariz era um tanto por demais provocante. Eu me contorcia e me retorcia dentro das cobertas tateando com o nariz os cheiros que todos aqueles vidrinhos coloridos enfileirados na sua penteadeira exalavam quando eu abria suas tampinhas, e isso não me deixava pegar no sono tão facilmente, sem que eu nada pudesse fazer.

Sem poder agüentar mais, finalmente chutei as cobertas, pus-me de pé e fui para o meu quarto. No meu quarto, a refeição jazia posta num canto, já completamente fria. Minha esposa havia posto aqui a minha ração antes de sair. Bom, eu estava acima de tudo com fome. Mas a sensação de quando levei à boca a primeira colherada era fria mesmo, parecendo um *sushi* congelado. Larguei a colher e entrei nas cobertas. As cobertas que folgaram vazias por uma noite me acolheram com a habitual hospitalidade... Enterrado nas minhas cobertas, desta vez, dormi longamente. E bem.

Quando acordei, as luzes da rua já estavam acesas. Mas parece que ela não voltou ainda. Não! Não dá para saber se ela voltou e já saiu novamente. Mas que utilidade tem em ficar tresmatutando sobre isso?

Eu havia recuperado a lucidez. Pensei sobre a noite passada. Não havia palavras para explicar o prazer daquele momento de quando caí sobre ela e enfiei os 5 *wons* em sua mão. Mas não conseguia esconder a alegria pois parecia ter descoberto a sensação escondida por trás de quando as visitas deixam dinheiro para ela ou de quando ela deixa dinheiro para mim. Abri um sorriso dentro de mim. Sentia-me tão ridículo por ter vivido, até o dia de hoje, sem conhecer tal coisa. Tinha vontade de sair dançando.

Assim, fiquei com vontade de sair hoje novamente. Mas não tenho dinheiro. Arrependi-me de ter dado os 5 *wons* à minha esposa assim de uma vez. Arrependi-me também de ter enfiado aquele cofrinho na privada. Como que por hábito e em meio ao inútil desapontamento, enfiei a mão no bolso da calça que ontem abrigou aqueles 5 *wons* e dei uma fuçada. Inesperadamente, a minha mão achou algo. Tinha 2 *wons* apenas. Mas não é preciso muito. Alguma coisa já dá. Para mim, aquilo já era motivo de muita gratidão.

Recobrei o ânimo. Joguei nas costas o meu todo-gasto único paletó de cotelê, e esquecido da fome e esquecido da desgraça que é esta minha vida desastrada, saí novamente para a rua abanando os braços. Ao sair, desejava aflitamente que o tempo desta vez zarpasse que nem flecha e as horas passassem da meia-noite num átimo. Dar dinheiro à minha esposa e dormir no quarto dela foi bom de qualquer maneira, mas, voltar antes da meia-noite por engano e enfrentar aqueles dardos do olhar dela, isso, isso era amedrontador. Fiquei novamente perambulando sem rumo enquanto checava, rechecava e voltava a checar os relógios das ruas até tarde. Hoje, eu estava custando a me cansar. Só me sentia angustiado, pois o tempo parecia andar um pouco devagar demais.

Depois de verificar que passara mesmo da meia-noite pelo relógio da Estação Rodoviária, é que me dirigi para casa. Nesse dia, encontrei a minha esposa e aquele homem conversando no portão. Fiz que não os conhecia, passei reto pelos dois e fui direto para o meu quarto. Ela também entrou em seguida. E pôs-se a varrer o quarto àquela hora da noite, coisa que ela nunca fez nem de dia! Pouco depois, quando percebi que ela se deitara, abri a porta, entrei no seu quarto e enfiei os 2 *wons* em suas mãos, e ela – ela espiou o meu rosto várias vezes como se achasse muito estranho eu ter voltado hoje novamente sem gastar aqueles 2 *wons* – então, deixou-me dormir no seu quarto sem dizer palavra. Eu não queria trocar essa alegria por nada deste mundo. Dormi muito bem.

Na manhã seguinte também, ela não estava lá quando acordei. Eu, novamente, passei para o meu quarto e o corpo cansado tirou uma boa soneca.

Quando fui acordado sacudido por minha esposa era, de novo, depois que as luzes já haviam sido acesas. Chamava-me para o quarto dela. Uma coisa inédita essa! É que ela, sem parar de sorrir, puxava-me pelo braço! Eu não podia deixar de sentir uma certa intranqüilidade, suspeitando que por trás de tal atitude se escondesse algum complô de proporções nada ordinárias.

Fui arrastado para o seu quarto, como ela queria. No quarto dela estava posta uma mesinha com um jantar bem modesto. Pensando agora, estou sem comer há dois dias. Eu estava tão zonzo, que chegara a me esquecer se estava com fome ou não.

Pensei: mesmo se caísse um raio bem na minha cabeça depois de me servir desta última ceia, não me viria, pois, arrependimento nenhum, a bem da verdade, não estava mais suportando a chatice desse mundo humano. Tudo parecia um estorvo e uma aporrinhação, mas algo como uma desgraça assim repentina seria até divertido. Então relaxei, e jantei essa esdrúxula refeição em silêncio com minha esposa. Éramos um casal que nunca conversava. Mesmo depois de ter terminado o jantar, eu, sem dizer palavra, simplesmente me levantei hesitante e atravessei para o meu quarto. Ela não me reteve. Sentado no chão com as costas apoiadas na parede, acendi um cigarro e fiquei esperando: se é pra cair, que o tal do raio caia logo sobre a minha cabeça.

Cinco minutos! Dez minutos!

Mas o raio não caiu. O estado de tensão foi-se relaxando aos poucos. Sem me dar conta, já estava pensando em sair novamente esta noite. Estava pensando que seria bom se tivesse dinheiro.

Mas dinheiro não há, isso era certo. Então, ainda que saísse esta noite, que prazer eu teria em voltar para casa? Fiquei estupefato. Zangado, enfiei-me nas cobertas e fiquei a me revirar pra cá pra lá. O jantar recém-comido ficava subindo pela garganta a toda hora. Estava com ânsia de vômito.

Podia ser qualquer quantia, por que é que cédulas não jorravam do céu como chuva de verão? Isso me magoava e me entristecia infinitamente. Não conhecia nenhum outro modo de almejar dinheiro senão desse jeito. Pareço ter chorado um pouco dentro das cobertas. Perguntando-me por que não tinha dinheiro...

E aí, minha esposa veio até meu quarto. Levei um baita susto e pensei que finalmente o tal do raio ia cair sobre a minha cabeça: baixei a respiração e fiquei debruçado sobre o chão que nem um sapo. No entanto, a voz que soou quando ela abriu os lábios foi deveras suave. Carinhosa. Ela dizia saber por que eu estava chorando. Perguntava se não era porque eu não tinha dinheiro. Levei um baita de um susto imbecil. Mas que mulher é essa que lê o pensamento do outro assim tão claramente! Por um lado sentia até um medo furtivo, mas do jeito que ela fala talvez esteja pensando em me dar dinheiro, pensei. Ah, se for isso, seria bom demais! Enroladão nas cobertas e sem sequer ousar levantar o pescoço, fiquei esperando o próximo movimento dela, e então ouvi um "toma!" – e o que ela deixou cair na minha cabeceira, pela leveza do som, só podia ser uma cédula. Ela encostou os lábios no meu ouvido para cochichar que hoje eu podia voltar ainda um pouco mais tarde do que ontem. Isso não é difícil. Mais do que tudo, eu estava grato e contente por aquele dinheiro.

Saí, ainda que sem planos. Eu não enxergo bem no escuro. Por isso, resolvo perambular pelas ruas escolhendo ruas mais claras na medida do possível. E aí, dei um pulo no café que fica num canto do saguão da Estação Rodoviária no setor de primeira e segunda classe. Para mim aquilo foi uma grande descoberta. Para começar, lá não vai ninguém que eu conheça. E ainda que venham, rapidamente vão embora, ainda bem. Disse então a mim mesmo que a partir de hoje viria todos os dias aqui para passar o tempo.

Acima de tudo, gostei que o relógio daqui devesse ser mais correto do que em qualquer outro lugar. Não posso mais confiar às cegas num relógio qualquer por aí, acabar voltando para casa antes da hora e me meter em grandes apuros.

Sentei-me ocupando um assento à frente de ninguém e tomei um café bem feito. Os viajantes, mesmo em meio à pressa, pareciam se alegrar com uma xícara de café. Tomam-na rapidinho, ficam olhando a parede por um momento como se pensassem em algo, e logo vão embora. Senti-me desolado. Mas esse ar de desolação me era mais íntimo e aprazível do que o clima tolhido das casas de chá das ruas. O som espaçado da sirene, às vezes estridente, engrossando às vezes, soava-me mais íntimo do que Mozart. Li, reli e voltei a ler várias vezes os nomes dos poucos pratos impressos no menu. Algo naqueles nomes que bruxuleavam aos meus olhos lembrava-me dos nomes de amigos de infância.

Não sei quanto tempo fiquei sentado ali, mas, enquanto os pensamentos iam-se turvando, os visitantes foram-se rarefazendo aos poucos e a ver que começam a recolher as coisas aqui acolá dentro do salão, acho que já é hora de fechar. É um pouco mais de onze horas, penso. Aqui também não é, de jeito nenhum, o lugar do meu acolhimento, penso. Onde agora então devo ir para passar da meia-noite? Saí para a rua deveras preocupado.

Chove. As gotas já bem grossas pareciam dispostas a me atormentar, sem guarda-chuva nem capa de chuva. Mas nem por isso podia ficar fazendo hora postado neste salão com esta minha bizarra aparência, bah, que seja, se é para tomar chuva, tomo, pronto, e saí assim mesmo. O tempo, frio demais, estava insuportável. A roupa de cotelê começou a se molhar com a água penetrando por todos os poros, e finalmente se encharcava. Havia pensado em gastar tempo perambulando pelas ruas até quando desse pé, mesmo que fosse tomando chuva, mas agora já não dava mais para agüentar de tão frio. Comecei a ter calafrios sem parar e os dentes começaram a bater.

Pensei, apressando os passos. Pensei: será que num dia tão feio como esse também haveria visitas para ela? Não deve haver... Acho que vou pra casa. Se, por infelicidade, minha esposa estiver recebendo visita, rogar-lhe-ei. Se eu lhe rogar, ela deve entender, vendo com os próprios olhos que está chovendo desse jeito.

Apressei-me para casa. No entanto, ela tinha visita. Eu estava com tanto frio e tão encharcado que, num lapso, esqueci de bater a porta. E assim, acabei vendo algo que a minha esposa não ia lá gostar muito que eu visse. Meus pesões tatearam desajeitadamente o chão pelo quarto dela deixando marcas de um urso, e indo direto para o meu quarto, onde me livrei zás-trás das roupas completamente molhadas, e me enfiei inteiro nas cobertas. Estava trreeemmmeeennte. Os calafrios ficavam cada vez mais fortes. Parecia que o chão do quarto estava cedendo. E acabei perdendo os sentidos.

Quando abri os olhos na manhã seguinte, minha esposa estava sentada à minha cabeceira com uma cara bastante preocupada. Estava resfriado. Continuava a sentir um friozinho, tinha também dor de cabeça, a boca salivava um gosto amargo, os braços e as pernas se esticavam bem moles, sentia-me moído.

Ela passou a mão na minha testa para sentir a temperatura, e disse: Precisa tomar remédio. A julgar pela sensação de gelo da sua mão, a febre deve estar bem alta, e pensei, se é para tomar remédio, tenho de tomar um antitérmico, e aí ela me deu quatro comprimidos brancos com água morna. E disse que com isso e uma boa dormida, eu estaria bem. Afobado, tomei-os num piscar de olhos. Têm um gostinho ácido, suponho que seja aspirina talvez. Voltei a me cobrir por inteiro, e, num instante, estava adormecido, feito um morto.

Agoniei por vários dias com o nariz escorrendo copiosamente. Durante o tempo todo, tomei aqueles comprimidos sem parar. E nesse meio tempo, o resfriado também foi melhorando. Mas a boca continuava amarga como bílis.

Aos poucos, comecei a sentir vontade de sair novamente. Mas ela me aconselhou a não sair. Disse-me para tomar o remédio todos os dias e ficar deitado quietinho. Diz que acabei pegando uma gripe dessas porque saí por aí sem nada por fazer, só para fazê-la sofrer. Bem, isso é verdade. Então, decidi jurar que não ia mais sair, e fortalecer o corpo com a ingestão continuada desse remédio.

Dormi, dia e noite, com as cobertas até a cabeça por dias seguidos. Sentia um sono exagerado dia e noite, não me agüentava de olhos abertos. Acreditava firmemente que essa sonolência permanente era prova de que o meu corpo estava se fortalecendo.

Acho que passei assim por um bom mês. Os cabelos e a barba estavam um pouco crescidos demais e causavam uma sensação desagradável, não agüentava mais aquilo e um dia resolvi dar uma olhada no espelho. Aproveitando um tempinho enquanto ela havia saído, fui até o seu quarto e sentei-me na frente da penteadeira. Está que tá. A barba e o cabelo estão uma confusão. Hoje vou apará-los, pensei, e, aproveitando que já estava lá, destampei os vidrinhos dos cosméticos e fiquei cheirando-os um após outro. Dentre as fragrâncias das quais me esquecera por uns tempos, havia o cheiro da pele dela, que me provocava uma involuntária contorção no corpo todo. Experimentei chamar uma vez o nome de minha esposa, só por dentro: "Yónshim!..."[10]

Depois de algum tempo, comecei a brincar com a luneta. Brinquei também com o espelho. O sol que entrava pela janela estava bem quentinho. Pensando bem, é maio!...

Dei uma boa espreguiçada, e estiradaço no chão com a cabeça apoiada no travesseiro de minha esposa, sentia o desejo de me gabar à vontade

---

10. Segundo um amigo de Yi Sán[g], o nome verdadeiro dela seria Güm-hon[g], a primeira mulher com quem viveu, depois de tê-la encontrado numa estância de águas termais, numa casa noturna onde ela trabalhava. Este episódio está descrito em *Conto de Encontro e Despedida*.

perante Deus, exibindo-lhe esses dias de tanto conforto e tanta alegria. Eu não mantenho, mesmo, qualquer intercâmbio que seja com as coisas deste mundo. Acho que nem mesmo Deus poderia me elogiar ou punir.

Mas, no instante seguinte, a coisa mais estranha deste mundo chamou minha atenção. Era uma caixinha do sonífero adalina. Eu a descobri embaixo da penteadeira dela, e achei que se parecia muito com a aspirina. Abri a caixinha. Faltavam exatamente quatro comprimidos.

Lembrava-me de que hoje pela manhã também tomara quatro comprimidos de aspirina. Eu dormi. Ontem anteontem trasanteontem – eu sentia um sono insuportável. Já estava bom da gripe mas minha esposa continuava a me dar aspirina. Uma vez, uma casa vizinha pegou fogo enquanto eu dormia, e, mesmo assim, não tomei conhecimento, pois estava adormecido. Assim, eu dormi. Então, quer dizer que havia tomado adalina por um mês inteiro, pensando que se tratava de aspirina. Isso foi um pouco demais.

De súbito, senti uma vertigem e quase desmaiei. Enfiei a adalina no bolso e saí para a rua. Então, procurei uma montanha próxima e subi. Porque não queria ver nada que fosse deste mundo humano. Enquanto andava, esforcei-me tanto quanto eu podia para não pensar em absolutamente nada que fosse relacionado com a minha esposa. Pois poderia facilmente cair desfalecido no meio da rua. Estava decidido a escolher um lugarzinho onde batesse um solzinho, sentar-me e empreender um cuidadoso estudo sobre minha esposa. Enquanto andava, concentrava-me em pensar somente em coisas como a sarjeta, alfinete, flores de forsítia que nunca nem havia visto, cotovia, que as pedrinhas também davam cria... coisas assim. Por sorte, não desmaiei no meio da rua.

Ali havia um banco. Sentei-me bem ereto e fiquei a me indagar sobre a aspirina e a adalina. Mas a cabeça estava tão confusa que não conseguia ordenar os pensamentos. Não deram nem cinco minutos, vi de repente que já estava de saco cheio, e um espírito de porco tomou conta de mim. Tirei a adalina que trazia no bolso, mastiguei atabalhoado os seis comprimidos restantes todos de uma vez, e os engoli. Gozado, esse gosto. Depois, deitei-me de comprido sobre aquele banco. A troco de que fiz uma coisa dessas? Não dá para saber. Simplesmente quis fazer isso. Ali mesmo, simplesmente, caí num sono profundo. Mesmo adormecido, ouvia sem parar o leve e contínuo rumor de uma corrente de água fluindo por entre as pedras.

Quando acordei, era já dia claro. Eu havia dormido ali uma tarde e uma noite. A paisagem, aos meus olhos, era toooda amarela. E mesmo nesse estado, a aspirina e a adalina me atravessavam a mente como raios.

Aspirina, adalina, aspirina, adalina, Marx, Malthus, marinheiros, aspirina, adalina.

Minha esposa fez-me tomar adalina por aspirina por um mês a fio. Estava diante de uma prova por demais definitiva, uma vez que esta caixinha de adalina havia sido encontrada no quarto dela.

A troco de que ela precisou fazer com que eu dormisse dia e noite?

Tendo-me feito dormir dia e noite, o que ela andou fazendo por aí enquanto eu dormia?

Será que ela queria me matar pouco a pouco?

Mas, repensando o caso, pode ser que aquilo que venho tomando por um mês seja mesmo aspirina. Vai ver que ela tem algo que a preocupe e não esteja conseguindo dormir à noite... Será então que na verdade é ela quem tem-se utilizado da adalina? Se for assim, eu lhe devo desculpas. Então, foi mesmo muito ruim que eu tenha tido tamanha suspeita com relação à minha esposa.

Assim, desci de lá afobado. As pernas se atrapalhavam atabalhoadas e fiquei até zonzo, e foi com muito custo que consegui andar até a casa. Eram quase oito horas.

Eu tencionava confessar todos os meus obtusos pensamentos e pedir perdão a ela. No entanto, de tão afoito, acabei esquecendo as palavras.

Mas, e essa agora? Que grande enrascada! É que acabei vendo algo que jamais deveria ver com os meus olhos. Num instante de perplexidade, fechei a porta num ímpeto, baixei a cabeça, fechei os olhos, e fiquei me segurando no pilar para acalmar a repentina tontura, mas, não passou nem um segundo, a porta se reabriu violentamente, e ela, com a blusa desabotoada, saltou para fora e me agarrou pelo pescoço. Eu, de tonteira, caí ali mesmo. E aí, ela se lançou sobre o meu corpo caído e começou a me dar mordidas a torto e a direito. Como doí! Eu, na verdade, não tinha nem forças nem intenção de reagir, de modo que fiquei ali debruçado contra o chão só esperando para ver no que é que isso ia dar, quando, em seguida, um homem apareceu por trás, e num só movimento abraçou e ergueu minha esposa, levando-a de volta para dentro do quarto. Ela foi levada para dentro, assim, docilmente, sem dizer nada! Odioso demais aos meus olhos, isso. Odioso.

Foi aí que ela teve um verdadeiro ataque e começou a berrar: O que é que você anda fazendo a noite inteira? Anda roubando, é? Anda vendo mulheres, é? Berrava. Era realmente uma absurda injustiça. Fiquei tão bobo e atônito que não conseguia sequer abrir a boca.

Veja só, não era você que queria me assassinar? Tinha vontade de gritar assim ao menos uma vez, mas vá saber que apuro vai se abater sobre mim depois de ter botado boca afora às pressas palavras tão duvidosas. Pareceu-me que o melhor jeito era mesmo ficar quieto, mesmo se tratando de uma grande injustiça, e sei lá o que deu em mim em seguida, mas sei que me levantei, sacudi a poeira, tirei com cuidado os poucos *wons* e centavos que ainda restavam no bolso, abri sorrateiramente a porta, depositei o dinheiro na soleira com cuidado, e depois, simplesmente saí correndo a todo vapor.

Mesmo sendo quase atropelado várias vezes, fui me dirigindo à Estação Kyóng-Sóng[11]. Queria bebericar qualquer coisa que fosse, sentado cara a cara com um assento vazio, para sumir com esse gosto amaro amargo da boca.

Café... boa idéia! Mas, quando dei o meu primeiro passo para dentro do salão da Estação Kyóng-Sóng, percebi aquilo que havia esquecido por um momento: que no meu bolso não havia um tostão sequer. Novamente, senti uma vertigem. Fiquei ali em pé, vacilante, sem saber o que fazer, sem saber onde estava, sem brio. Fiquei ali, só andando, pra cá pra lá, como um desalmado...

Não sei mesmo dizer por onde e por quais lugares fiquei a perambular. Só sei que, depois de várias horas, quando me vi no telhado do Mitsukoshi[12], já era no pino do dia.

Ali, sentei-me de qualquer jeito num lugar qualquer, e fiquei a relembrar os 26 anos que já tinha vivido. Dessa minha memória nebulosa, nenhum tópico definido e claro saltava-me aos olhos.

E experimentei perguntar a mim mesmo: Você tem alguma ambição nesta vida? Mas não estava a fim de dar respostas do tipo sim ou não. Para mim já era difícil tomar consciência da minha própria existência.

11. Estação Rodoviária de Seul.
12. Loja de Departamentos no centro de Seul que funcionava na época da ocupação japonesa. Hoje, o mesmo prédio é ocupado pela tradicional Loja de Departamentos Shinseggye.

Abaixei-me e fiquei só olhando os peixinhos do aquário. Os peixinhos são realmente bonitos. Os pequenos são bonitos por serem pequenos, e os grandes por serem grandes, tooodos pareciam estar no auge do seu frescor, coisa boa de ver. Ao sol de maio que vertia ali, os peixinhos lançavam sombras na base do aquário. As nadadeiras pareciam imitar o balançar gracioso de lencinhos brancos. Deixei-me ficar distraído, até cheguei a contar as nadadeiras, sem saber voltar a esticar o dorso debruçado. As costas já estavam bem quentinhas.

Também fiquei olhando as ruas de alegre movimentação lá em baixo. Lá, a vida extenuante ondulava sem brio, exatamente como o mole balanço das nadadeiras dos peixinhos. Não conseguem se desvencilhar do emaranhado de fios pegajosos invisíveis aos olhos aos quais estão atados. Mesmo arrastando esse corpo já desmoronando de cansaço e barriga vazia, não tenho outra saída senão deixar-me mesclar por dentro daquelas ruas de alegre movimentação, pensei.

E, num outro relance, também pensei: para onde é que estavam se dirigindo esses meus passos agora...

Naquele instante, o pescoço de minha esposa despencou aos meus olhos como um raio. Aspirina e adalina.

Estamos é tendo um mal-entendido. Você acha mesmo que minha esposa teria me dado adalina no lugar de aspirina, acha? Não posso acreditar nisso. Ela não teria motivo algum para fazer isso... mas então, e eu, eu perambulei por aí roubando ou correndo atrás de mulher, dia e noite? Realmente, não.

Somos um casal manco por destino, com pés que não se ajustam um ao outro. Não tenho de ficar grudando uma lógica nos movimentos de minha esposa, e nem nos meus. Nem preciso buscar justificativas. É só irmos caminhando pelo mundo assim mancando sem fim, as verdades sendo verdades e os mal-entendidos sendo mal-entendidos. Será que não é bem assim?

Mas tinha uma coisa: não conseguia dizer ao certo se era correto que esses passos se dirigissem de volta à minha esposa. Devo ir? Então, para onde vou?

Nesse momento, soou o sinal do meio dia: tuuuu–. Aquele instante, em que as pessoas me pareciam galos em arruaça com os quatro membros fremindo bate-que-bate e todos aqueles vidros, aços, mármores, cédulas, tintas, tudo parecia fervilhar num grande alvoroço, era realmente um meio-dia em seu pico de alucinação.

Eu, de súbito, senti uma cócega nas axilas. Aha! Era justamente o lugar onde outrora haviam brotado minhas asas artificiais. Asas que hoje já não existem mais. Em minha cabeça, a página extinta de esperança e ambição reluziu de relance como quando se vira uma página de dicionário.

Parei os passos que caminhavam, e quis gritar uma vez. Assim: Asas, brotem novamente.

Voemos, voemos, voemos. Só mais uma vez, voemos.

Só mais uma vez, voemos[13].

Último fragmento:

날개야 다시 돋아라.
날자. 날자. 날자. 한번만 더 날자꾸나.
한번만 더 날아 보자꾸나.

Nargueyá dashi dodará.
Narjdá. Narjdá. Narjdá. Hanbón-mán dó narjdá kuná.
Hanbón-mán dó nará bojdá kuná.

13. Escrito em 1935, publicado em setembro de 1936.

CONTO DE ENCONTRO E DESPEDIDA

1

Vinte e três anos – março – hemoptise. Um dia, pego a barba bem crescida durante seis meses, aparo-a deixando uma borboleta abaixo do nariz e, munido de um pacote de chá medicinal[1], vou a uma estância de águas termais tranqüila e recém-inaugurada chamada B. Pensava que aqui eu podia morrer, que estava tudo bem.

Mas quanto a essa juventude mal erguida do vôo, que se pendurava na máquina de destilar o remédio e insistia em me salvar, não havia nada que eu pudesse fazer. Às noites, sob a lâmpada amarela da pousada, sentia-me injustiçado.

Não agüentei três dias e, ostentando o dono da pousada como fachada, fui até a casa onde soava tambor[2]. Güm-hon[g] foi o que encontrei ali.

– Quantos anos?

Na estrutura parecia uma pimentinha, magrela que só, mas tinha um gosto bem picantezinho. Dezesseis? Dezenove, quando muito, pensava, quando:

– Tenho 21 anos.

– E eu? Quantos anos pareço ter?

– Hum... Quarenta? Trinta e nove?

Eu simplesmente funguei um fuhm! E, sentado com os braços cruzados, fui-me fazendo de distinto. Ainda que naquele dia tenhamos nos despedido sem qualquer acidente...

---

1. Chá medicinal oriental: consiste de trouxinhas com diversas ervas secas, combinadas de acordo com a doença. Cada trouxinha deve ser fervida com água até formar um chá grosso e forte. Para cada caso, prescreve-se o número de trouxinhas a serem tomadas, formando-se então o "pacote" – *djé* em coreano.

2. Casa noturna típica coreana, onde mulheres sentam-se com os fregueses para beber e cantar, acompanhados de um parco tambor tocado de forma casual e descompromissada.

No dia seguinte, K., um colega do ofício de pintor, veio me visitar. Esse aí é o tal que gosta de fazer pilhérias. Sem alternativa, acabei raspando a barbinha abaixo do nariz que eu carregava como uma borboleta pendurada. E, mal o dia se pôs, corri para ver Güm-hon[g].

– Parece alguém que eu já vi em algum lugar...

– Aquele sujeito que veio ontem à noite, sabe, o de barba? Sou o filho dele. Até a voz é parecida, não é?

Brinquei. Depois da bebedeira, enquanto eu e o K. descíamos para o pátio, cochichei em seu ouvido:

– E aí? Legal, né? Por que você não passa uma cantada nela?

– Deixa pra lá, a cantada é com você!

– Vamos arrastá-la para a pousada, e podemos decidir por *jám-kem-pom*[3].

– Grande!

Mas K., fingindo que ia ao banheiro, fugiu, e acabei ganhando a Güm-hon[g] por W.O. Naquela noite, ela não escondeu que já tivera um filho.

– Quando foi?

– Fui deflorada aos 16 anos e tive aos dezessete.

– Menino?

– Menina.

– Cadê?

– Morreu com um ano.

Larguei o remédio e me concentrei todo só em amar Güm-hon[g]. Pode parecer ridículo, mas, pela força do amor, até a hemoptise parou...

Não dei folga nenhuma para Güm-hon[g]. Por quê? Porque todos os dias todas as noites ou Güm-hon[g] estava no meu quarto ou eu estava no quarto da Güm-hon[g]...

Em vez disso...

Recomendei à Güm-hon[g] um sujeito chamado U., um devasso que estava estudando na França. Güm-hon[g], seguindo meu conselho, entrou com U. na sauna privê. Essa tal da sauna privê era uma instalação um tanto obscena. Não me agradava em nada ficar olhando os sapatos de Güm-hon[g] e U. descansarem lado a lado na porta dessa instalação obscena.

---

3. Um joguinho oriental equivalente ao do "par-ou-ímpar".

Também recomendei Güm-hon[g] a um advogado chamado C., que estava hospedado no quarto ao lado do meu. C., tocado pelo meu ardor, violou o quarto da Güm-hon[g], incapaz de recusar a sugestão. Mas a Güm-hon[g] que eu amava estava sempre do meu lado. E exibia sorridente as várias notas de 10 *wons* recebidas de U., de C. e de outros, dengosa e inocente.

Mas aí, eu tive de voltar para a capital por causa da morte do meu tio. Procuramos um belo lugar, cheio de flores de pessegueiro e água cristalina corrente por entre as pedras, para curtimos um dia de despedida[4]. No terminal de ônibus, dei uma nota de 10 *wons* a Güm-hon[g]. Ela chorou, dizendo que com isso iria tomar de volta o relógio penhorado.

2

Como a Güm-hon[g] agora era minha esposa, nós dois nos amamos de verdade. Decidimos não perguntar sobre o passado um do outro. Quanto a mim, nem havia motivo para ter qualquer passado, e então, digamos que praticamente foi a mesma coisa que eu ter prometido não perguntar nada sobre o passado da Güm-hon[g].

Güm-hon[g] tinha apenas vinte e um anos mas era melhor do que alguém de trinta e um. Aos olhos dessa Güm-hon[g] que era melhor do que alguém de trinta e um e que parecia aos meus olhos uma garota de dezessete eu parecia alguém com quarenta quando na verdade tinha vinte e três e ainda por cima um pouco desmiolado de modo que parecia uma criança de poucos anos. Formávamos um casal que era assim uma confusão e um mimo sem igual no mundo.

O tempo passava ao léu – havia passado um ano e era agosto, naquela confusão que para ser verão era tarde e para ser outono era cedo – uma nostalgia da vida que levava invadiu repentinamente Güm-hon[g].

Como eu me encontrava dia e noite deitado dormindo, era um pouco tedioso para Güm-hon[g]. Por isso, Güm-hon[g] saía, encontrava pessoas nada tediosas e se divertia nada tediosamente...

---

4. Casais coreanos impossibilitados de se casarem formalmente, seja por proibição dos pais ou por pobreza – devido às despesas implicadas numa cerimônia de casamento – realizavam uma cerimônia simbólica com uma tigela de água da montanha.

Ou seja, o que quero dizer é que esse estreito cotidiano da Güm-hon[g] começou a evoluir para uma nostalgia que crescia dentro da Güm-hon[g], progredindo rapidamente, só isso.

Mas desta vez ela não se exibia a mim. Não só não, como acontece que me escondia coisas.

Isso não era nada próprio da Güm-hon[g], sendo como ela é. Há algo para esconder? Seria melhor se não escondesse. Seria melhor se se exibisse a mim.

Eu não digo nada. Eu, para facilitar a diversão da Güm-hon[g], ia dormir de vez em quando na casa de P. Parece que me lembro hoje que P. dizia ter pena de mim.

Não é que eu também não tenha pensado numa coisa dessas. Que, uma esposa de alguém deveria guardar a fidelidade!

Quero interpretar isso como uma gentileza, que a Güm-hon[g] teria praticado adultério num gesto de amizade para me acordar dessa vida de ócio. Mas fingir que mantém a tão mundana etiqueta de esposa seria, digamos, para Güm-hon[g], nada mais do que um pequeno deslize entre seus mil pensamentos inteligentes.

Tentando defender como fachada esse tipo de fidelidade inútil, passei naturalmente a sair com mais freqüência e, para facilitar os empreendimentos da Güm-hon[g], liberei até o meu próprio quarto. Mesmo em meio a isso tudo, o tempo não pára de correr.

Um dia, levei uma sova brava da Güm-hon[g], aparentemente a nenhum título. De tanta dor, saí chorando e durante três dias não pude voltar. Estava morrendo de medo da Güm-hon[g].

Quando voltei no quarto dia, Güm-hon[g] havia ido embora tendo deixado na cabeceira suas meias encardidas.

Enviuvado de forma tão imbecil, alguns amigos, tentando me consolar, vinham-me com boatos nada agradáveis sobre Güm-hon[g], mas eu não tinha como entender esse tipo de *hobby* deles, de forma alguma.

Dizem que Güm-hon[g] foi vista pegando o ônibus com o homem para longe, em direção ao Monte Guán-A[k] em Gua-tchón[5], o que, se for verdade, deve ser porque essa pessoa tem medo de que eu eventualmente vá atrás deles e dê uma bronca, um baita de um medroso.

---

5. Na época Gua-tchón era uma cidade perto de Seul, com a sua famosa montanha Guán-A[k]. Hoje, com o crescimento da capital, tornou-se uma cidade-satélite, fazendo divisa com Seul.

3

A minha vida decidira temporariamente recusar aquilo que se chama de ser humano e deixou de operar o ágil processo chamado capacidade de memória, de modo que, depois de dois meses, eu havia esquecido asseadamente até as letras do nome Güm-hon[g]. Em meio a tal tempo em suspenso, um dia, tendo escolhido um dia de bom augúrio, Güm-hon[g] voltou como um postal. Levei um susto e tanto.

A fisionomia da Güm-hon[g] estava, inesperadamente, abatida, deixava-me muito triste. Longe de reprimi-la, fui trazer cerveja, biscoito e até marmita a fim de consolá-la. Mas Güm-hon[g] custava a aplacar sua ira, e, chorando, me amaldiçoava. Sem ter o que fazer, também acabei chorando.

– Mas agora já é tarde demais. Parece pouco, mas já se foram dois meses, né? Vamos nos separar, né?

– E eu, como é que eu fico, hein?

– Se você tiver um lugar legal pra onde ir, vai, tá?

– Então, você também vai se casar, é?

Mesmo na separação, deve-se fazer com que vá consolada. E assim, despedi-me da Güm-hon[g] com esse lema. Quando se foi, Güm-hon[g] deixou-me de presente o travesseiro.

Mas o problema foi esse travesseiro.

É um travesseiro para duas pessoas. Experimentei usá-lo sozinho por duas semanas, esse travesseiro que ela me empurrara sob insistente protesto. Não é legal porque é comprido demais. Não só não é legal, como exala um cheiro peculiar oleoso de cabelo que não é o meu, atrapalhando bastante o meu bom sono.

Um dia, mandei-lhe um postal. "Venha rápido, pois estou gravemente acamado."

Quando Güm-hon[g] veio, eu dava dó de olhar. Pareceu-lhe que, se me deixasse do jeito que estava, eu ia morrer de fome em poucos dias. Arregaçou as duas mangas e dizia que ia trabalhar fora para me salvar.

– Oookkeiii.

Paraíso sobre a terra – mas o dia estava um pouco frio. Eu nem espirrava de tão confortável que me encontrava.

Assim se passaram... dois meses? Não, acho que uns cinco meses. Güm-hon[g] foi embora de repente.

Depois de esperar por uma lua que a saudade se abatesse sobre Güm-hon[g], cansado, ajuntei o entulho, as louças e as porcelanas para vender, e voltei para "casa" depois de 21 anos.

A casa estava deteriorada. Em seguida, esse filho ingrato Yi Sán[g] escrachou de vez com essa família decrépita. Nesse meio tempo, por uns dois anos...

Sem perceber, eu também acabei me deteriorando. Já estava com 27 anos.

Tenho a firme convicção de que toda mulher sob o céu guarda em si uma porção da substância prostituta. Em compensação, mesmo quando pago uma moeda de prata a uma prostituta, jamais penso que ela seja prostituta. Penso que essa teoria não pode ter sido elaborada unicamente a partir da minha experiência de viver com Güm-hon[g], mas é verdadeiramente a minha verdade.

4

Escrevi alguns contos e alguns versos, multiplicando a humilhação sobre este corpomente em processo de decrepitude. Cheguei a um ponto em que ficou muito difícil prolongar a minha sobrevivência sobre esta terra mais do que isto. É, para falar elegantemente, acho que está na hora de me exilar.

Para onde ir? A todo o mundo que encontrava, declarava que iria para Tóquio. Como se não bastasse, para um eu dizia que estava indo a estudos, fazer um aperfeiçoamento em técnica elétrica; e para um professor, que ia pesquisar sobre técnica de impressão simplificada; e para um amigo íntimo, que estava decidido a falar cinco línguas fluentemente, e, em casos mais graves, dizia até que ia estudar leis, soprando mentiras aos quatro ventos. Alguns deles pareciam até se deixar enganar. Mas havia também quem não acreditasse nessa propaganda vazia. De qualquer forma, era a derradeira declaração de um Yi Sán[g] que havia chegado a uma total e irrecuperável falência, esta a verdade.

Um dia, quando bebia com amigos proferindo invariavelmente tais declarações, alguém me deu um tapa no ombro. Era um tal de Kim.

– Kim (Yi Sán[g] também é Kim na verdade[6]), há quanto tempo! Mas Kim, tem uma pessoa que quer encontrá-lo de qualquer jeito, o que vai fazer?

---

6. Lembre-se de que o nome verdadeiro de Yi Sán[g] é Kim He-kyón[g], portanto, de sobrenome Kim.

– Quem? Mulher? Homem?

– Tô dizendo que a coisa é interessante porque é mulher!

– Mulher?

– A sua esposa de antigamente.

Isso quer dizer que Güm-hon[g] deu as caras em Seul. Ora, se apareceu apareceu, por que me procura?

Peguei com o Kim o endereço de onde Güm-hon[g] estava, e fiquei hesitando sobre o que fazer. O endereço era da casa de sua irmã Il-shim. Finalmente, decidi vê-la, e fui até a casa de Il-shim:

– Quer dizer que a sua irmã está aqui?

– Nooossa, meu deus, pensei que tivesses morrido! Pois é, ela volta já já, tô dizendo, entre logo!

Güm-hon[g] também está abatida. A cor do cansaço da trincheira chamada vida era evidente em seu rosto.

– Vim pra ver esse seu malfadado rosto, o que você acha que vim fazer aqui?

– E não foi por isso que eu vim te ver?

– Me disseram que você casou.

– Eh, pára com isso, palavras daninhas!

– Ah, então, não casou, é?

– Claro que não!

Imediatamente ela jogou o travesseiro de madeira[7] contra o meu rosto. Soltei um riso ridículo igualzinho a antes.

Montamos uma mesa com bebida. Eu bebi um trago e Güm-hon[g] também bebeu um trago. Eu cantei uma canção e Güm-hon[g] também entoou um cantoria.

A noite avançava e o papo foi caminhando para a conclusão de que esta seria a nossa última despedida nesta vida. Güm-hon[g] batia na mesa com os pauzinhos[8] e entoava um triste canto que eu jamais ouvira:

– Se enganas, ainda assim é sonho, se és enganado, ainda assim é sonho, de curva em curva neste mundo errante, que o fogo queime este coração em sombras humm humm[9].

---

7. Travesseiro tradicional coreano feito de madeira.

8. Durante as bebedeiras, os coreanos têm o costume de usar os pauzinhos – que são geralmente feitos de metal – como baquetas, batendo-os contra a mesa enquanto cantam.

9. Escrito entre julho e outubro de 1936, publicado em dezembro do mesmo ano.

Último fragmento:

"속아도 꿈결 속여도 꿈결 굽이굽이 뜨내기
세상 그늘진 심정에 불질러 버려라 음음."

"Sogadô kumkyór, sogyódô kumkyór,
gubi gubi tünegui sesám
günürdin shimdjóm-ê
bul djiló bóryórá ümüm."

•
E
S
C
R
I
T
O
S
•

Tédio
Felicidade
Paraíso Perdido
Epitáfio
Alguém aí me Acenda a Luz

TÉDIO

1

Antes – melhor – escurecesse logo – verão no campo – o dia é um tédio, longo de matar.

A leste Monte-dos-Oito-Picos, com seus oito picos. Por que é que aquelas curvas são tão mansas e iguais?

A oeste vejo campo, ao sul vejo campo, ao norte vejo campo, bah – a troco de quê esses campos espalharam-se sem fim desse jeito? A troco de quê se fizeram todos iguaizinhos a esse ponto, de um verde só?

A vila do campo, com uma rua ao meio, tem umas dez casas de cada lado. Pilares de pinheiro retorcido[1] paredes de terra amassada cercas de palha de soja ramos emaranhados de aboboreira cobrindo as cercas, todas elas iguais, nem dá para saber qual é qual.

O salgueiro que vi ontem o seu Kim que vejo hoje também o Totó e a Tatá que devo tornar a ver amanhã.

O sol verte raios de quase cem graus que bicam por igual o telhado o campo a amoreira o rabicho da galinha. É uma sucessão de calor infernal insuportável quentura dia e noite.

Fiz a refeição matutina. Não se tem nada para fazer. Mas o chamado "hoje" se estende à minha frente como um papel em branco indefinidamente largo exigindo: que seja qualquer reportagem, não importa qual. Tenho de fazer algo, qualquer coisa. O que fazer? Preciso pesquisar isso. E

---

1. A variedade do pinheiro coreano possui o tronco e os ramos bem retorcidos, e por ser a única árvore que continua verde mesmo no inverno, é freqüentemente metáfora da perseverança, tenacidade e lealdade em meio às adversidades.

então – que tal eu ir até a casa do Choi para jogar *jánggui*[2] no tablado? Parece uma boa idéia.

O Choi havia saído para o descampado. Parece que não há ninguém nos aposentos da casa do Choi. O sobrinho do Choi tira uma soneca. Aha – é que já eram mais de dez horas quando fiz a minha refeição matutina de modo que para o sobrinho do Choi com certeza devia ser hora da sesta.

Eu então decido acordar o sobrinho do Choi e começar uma partida de *jánggui*. Se jogo dez partidas com o sobrinho do Choi ganho as dez. Para o sobrinho do Choi, portanto, jogar *jánggui* comigo é, em si, um tédio. Que jogasse dia e noite, se é para ser a mesma coisa o tempo todo, preferível nem jogar mas também, se não jogar, o que vou fazer? Só posso jogar.

Se perder é um tédio, como é que ganhar deixaria de ser também um tédio? Uma brincadeira em que se joga dez vezes para ganhar direto dez vezes é mais sem graça do que perder dez vezes. Eu não agüento mesmo essa falta de graça.

Perderei para ele uma vez, penso. Finjo pensar durante um bom tempo e coloco uma pecinha num lugar perigoso, mas o sobrinho do Choi esboooça um bocejo e depois dá um lance que não tem nada a ver. Já que vai perder mesmo, deve pensar que nem vale a pena ficar esquentando a cabeça bolando estratégias e tal. Deve pensar que, plantando as peças de qualquer jeito como vem à cabeça, o jogo terminará rápido rápido, e tendo feito o favor de perder o quanto tinha que perder, esse vitorioso general, vencido pelo tédio esmagador, poderia ir embora por vontade própria. Deve ter planejado voltar à sua soneca depois que eu me fosse.

Inevitável, ganho de novo. Ele pede para pararmos. Obviamente, não tem outro jeito senão parar.

Perder de propósito é, por si, empresa difícil. Por que é que eu não consigo ser como esse sobrinho de Choi, sempre de guarda baixa, inteiramente desprevenido? Mesmo dentro desse tédio de asfixiar, como é que ainda me prendo a mínimas vitórias? Será que não há jeito de me tornar, de vez, um bobalhão?

É um desgosto ímpar que sinto por essa infame avidez humana pelo lucro que ainda resta em mim. É a última coisa de que preciso me livrar.

---

2. Jogo tradicional coreano conceitualmente semelhante ao de xadrez ocidental.

Preciso embotar até o próprio nervo que tem a consciência desse tédio, prostrar-me completamente.

2

Vou até a beira do riacho. A água, tão escassa devido à estiagem, flui sem som. Por que é que essa corrente, magra que nem esqueleto, não faz ruído? Quente demais. Tão quente que as folhas todas pendem moooles e aaarfam. Quente desse jeito, que talento teria a água de produzir qualquer som que fosse refrescante?

Sento-me ao lado da água. Sentado, penso: beeemm, com que título devo iniciar a minha reflexão? Mas, obviamente, título nenhum me vem à cabeça.

Se é assim, então vamos decidir por não pensar em nada. Fico só olhando de longe o horizonte verde desse descampado aí sem fim, as nuvens que, por mais que se revolvam, não passam afinal do âmbito de uma ávida acrobacia, essas coisas.

Noventa e nove por cento da área superficial terrestre deve ser deste verde aterrador. Se é assim, a Terra é, verdadeiramente, de uma coloração por demais monótona sem sal. Na cidade, o verde é raro. Quando vim parar aqui pela primeira vez em meio à errância, surpreendi-me com esta cor verde refrescante e a amei. Mas não passaram cinco dias, descobri que esse verde sem-limite-sem-fim era apenas uma lacuna da Terra monótono-insossa resultado do mau gosto e percepção tosco-vulgar do criador, e não pude deixar de me surpreender novamente.

Mas a troco de quê verdeja-se desse jeito? O dia inteiro, aquela cor verde não move um dedo! Apenas está, naquele estado verde, satisfeita de ser verde, como um estafermo.

E quando a noite chega, o verde perde a cor e dorme sem som feito uma serpente gigante. Que gigantesca humildade é esta!?

E quando o inverno chega, o verde desbota. Muda para um matiz horrível, que em nada difere de um monte de farrapos esgarçados. Esses camponeses, que passam um inverno inteiro olhando para o descampado horrendo e interminável, sem que se suicidem ou desfaleçam, além de me dar pena, são uns grandíssimos estafermos.

Suas vidas também devem estar rodeadas de um tédio monotom chapado como esse descampado. Quando estão trabalhando, a falta de graça deve sufocar e asfixiar de tão quente como o verde desse campo, e quando não estão trabalhando, a falta de graça deve ser encardida e áspera como um extenso campo de inverno sujo de neve.

Não há excitamento para eles. Mesmo quando cai um raio no descampado, isso não passa de um fato corriqueiro que acontece de quando em quando ao cabo de uns trovões. Mesmo quando uma criança da vila é levada por um tigre[3], isso não passa de um castigo dos deuses que acontece de quando em quando nas vilas montanheiras onde vivem feras selvagens. Francamente, num descampado onde não há um único poste sequer, com que eles poderiam se excitar, afinal?

Para além do Monte-dos-Oito-Picos enfileiram-se postes de estrutura de ferro. Mas aqueles fios de bronze postam-se sem jamais deixar cair um cartão-postal nesta vila. Por aqueles fios de bronze deve também correr corrente elétrica. Mas enquanto os quartos dos camponeses ainda estiverem à meia-escuridão sob luz de pinheiro[4], aqueles postes não diferem nada das árvores de papoula que se enfileiram na entrada desta vila.

Havia esperança neles? Que os grãos amadureçam no outono. Mas isso não é bem esperança. É instinto.

Amanhã. Amanhã devo perfazer o ato de continuidade que fazia hoje, por que é que este amanhã do tédio sem fim está assim sem fim? Mas eles não sabem pensar nessas coisas. Mesmo que por vezes uma dúvida dessas lampeje no seu íntimo como um *flash* de luz, no momento seguinte sobrevém o sono de um dia de trabalho árduo. É por isso que os camponeses são uns infelizes. Então – e eu, que sou capaz de ter consciência desse tédio hediondo, o quanto sou feliz?

3

O salgueiro também pende mooole e pesado. Quando a água que corre encontra por vezes uma poça, apodrece.

---

3. Antigamente, era comum os pais amedrontarem os filhos desobedientes com a ameaça "Pare, senão o tigre vem te levar!"

4. Lamparina que usa uma resina retirada dos nós do ramo de pinheiro como combustível.

Onde estou sentado tem uma poça dessas. À minha frente, a água apodrece silenciosamente.

O canto de um galo da tarde soa beeem tranqüilo. Fora o fato de que o galo da tarde que cantou ontem voltou a cantar hoje, não há nada mais de interessante. Tanto faz tanto fez ouvir ou não ouvir. Ouviu-se simplesmente porque aconteceu de chegar ao ouvido, só isso.

Quanto ao galo, este pelo menos canta, de madrugada e de tarde. Mas os cachorros dessa vila nem latem. Se são todos cachorros mudos, também não é isso. Como prova, quando eu, que não sou da vila, atiro pedras ou os ameaço, eles se põem a correr para longe virando-se e latindo.

No entanto, quando passo por eles sem aprontar nenhum desses gestos perigosos, não se dignam de latir nem diante dessa figura esdrúxula que sou eu, não só um forasteiro-de-mil-léguas, mas um rosto pálido desse jeito e uma cabeleira descabelada formando um verdadeiro ninho de pega[5]. Muito estranho. Mas como é que esses cachorros não latem para mim? Que matilha mais humilde medrosa, coisa mais inusitada deste mundo!...

Se esses cachorros medrosos não latem nem diante de uma figura como a minha, então afinal diante de quê ladrariam?

Eles não têm nem por que latir. Viajantes não vêm aqui. Não só não vêm como não têm nem por que passar por esta vilazinha que não fica sequer nos arredores de alguma via federal. De vez em quando, o Kim da vila vizinha vem aqui. Mas se o homem usa as mesmas roupas, tem a mesma cor de pele e o mesmo sotaque do Choi que é daqui, para que os cachorros vão latir? Nesta pobre vila nem assaltante tem. Um assaltante que tivesse algum senso de humanidade não conseguiria passar sem deixar cair sorrateiramente um *binyó*[6] ou um anel que tivesse surrupiado por aí com pena dessas moças tão pobres. A vila seria uma zona de perigo para um rapinante ser facilmente rapinado do seu instinto de rapina.

Se é assim, por que mesmo esses cachorros latiriam? Esses cachorros passaram tempo demais – provavelmente desde a hora do nascimento – tendo renunciado ao hábito de latir. As raças caninas daqui, sem latir por várias gerações, devem ter ao final perdido o

---

5. Pássaro muito comum na paisagem coreana.
6. Ornamento para cabelo. Ver nota 7 do *Asas*, p. 72.

instinto de latir. Agora, só se dignam de ladrar quando são atingidas por pedras ou pedaços de pau, e isso ainda se a dor for insuportável. Mas um instinto como esse os homens também têm, de modo que não poderia ser considerado algo característico dos cachorros.

Os cachorros normalmente se sentam na porta da casa em que estão sendo criados e dormem. De noite, dormem o sono da noite, e de dia, dormem o sono do dia. Por quê? Porque não há nada de que se deva proteger a casa.

O cachorro do Choi está vindo em minha direção. O cachorro do Kim o avista e se levanta para recepcioná-lo. Recepcioná-lo sim, mas para fazer o quê? Depois de um tempo, eles se despedem.

Experimentam andar languidamente pelas ruas. Ruas por onde sempre andaram, ruas em que não há nada caído no chão. Os moradores da vila comem cevada e painço o verão inteiro. Para acompanhar, massa de soja crua[7] e pimentas frescas. Desse jeito, não deve sobrar nada nem na cozinha deles, imaginem o que é que poderia estar jogado no meio da rua...

Nem adianta andar pelas ruas, não se tem ganho algum. Vamos então tirar uma soneca. Foi assim que esses cachorros, tendo esquecido sua inata habilidade de montar guarda, acabaram por degradar-se a ponto de não terem nada a fazer além de se abandonarem à modorra.

Coisa triste. Cachorro mudo que não sabe latir, cachorro preguiçoso que não sabe montar guarda, esses cachorros bobos são sacrificados pelos moradores num "dia de sopa de cachorro"[8] qualquer para se tornarem sopa. Mas pobres cachorros, nem sequer conhecem o calendário lunar, nem têm como saber quantos dias faltam para um "dia de sopa de cachorro".

4

Nem jornal chega nesta vila. Se nem o tal do automóvel de lotação passa por aqui, de que jeito vão ficar sabendo das notícias da cidade?

---

7. Uma massa pastosa feita de soja, semelhante à pasta de *missô* japonês (com o qual se faz a sopa *missoshiru*). A variedade coreana é um pouco mais forte e menos adocicada.
8. Refere-se aos três dias que marcam respectivamente o início, o cume e o fim de verão pelo calendário lunar. Nesses dias, é costume tomar sopa de carne de cachorro, traduzido aqui como "dia de sopa de cachorro".

É a mesma coisa que ter sido despojado de todos os cinco sentidos. Em meio a um céu opressivo horizonte opressivo paisagem opressiva e tradição opressiva tenho de passar o tempo agoniado desta opressão, que me dá vontade de rolarolar insanamente de um lado para o outro.

Haverá acaso coisa mais agoniante do que um estado em que não se consegue pensar em nada? Até num leito de enfermo o homem pensa. Ou, melhor, num leito de enfermo pensa-se mais ainda.

Quando se é tomado por um tédio sem fim, as pupilas devem abrir-se para o interior. E assim, deve-se poder empreender uma instropecção para o mais íntimo muito mais funda do que quando se está ocupado até o pescoço.

A excessiva autoconsciência, característica e enfermidade do homem moderno, é oriunda desse tédio total de uma classe entediada que só pode se entediar. Uma classe que não consegue evitar o marasmo físico e o enfado mental indica o ápice da excessiva autoconsciência.

Mas, quanto a mim, no momento sentado à beira do riacho, até mesmo a excessiva autoconsciência foi bloqueada.

Com um marasmo como este, e com um enfado extremo como este, minhas pupilas ainda hesitam em se abrir para o interior.

Não quero pensar em nada. Até ontem ao menos morrer era um pensamento que me dava alegria, o único. Mas hoje, estou com preguiça até para isso. Então, vamos decidir por não pensar em nada e dormitar de olhos abertos.

Estou morrendo de calor, será que tomo um banho? Mas a água da poça está podre. Sair para procurar uma água não podre também me dá preguiça...

Ainda que uma água não podre estivesse bem aqui, não teria tomado banho. Tenho preguiça de tirar a roupa. Ou, melhor – não posso mesmo é suportar a ignomínia de estender ao sol para secar este corpo pálido e esquálido.

E se o suor encharcar a roupa? Deixá-la-emos encharcada, pois.

Que seja, mas que raio de calor é esse? Decido voltar para a casa onde estou hospedado e lavar o rosto. Enquanto retornava ao caminho por onde havia vindo, encontro um casal de cães copulando. Mas a cópula desses animais domesticados, sem artifícios técnicos, é o próprio tédio, assim como a paisagem em si é o tédio em pessoa. Essa cópula de cães não serve de objeto de interesse nem para as crianças nem para as moçoilas da vila, e não é objeto de interesse para mim idem.

A bacia de latão, já há muito desbotada de sua cor original, está avermelhada e enegrecida como a cor da pele dessa gente. Provavelmente, deve ter sido trazida pela dona da casa quando ela se casou.

Experimento lavar o rosto. A própria água está morna. Acho que nem mesmo a água pôde resistir a esse calor obtuso. Mesmo assim, sigo os passos do ritual da ablução até o fim.

Depois, vou até a cerca por onde ramos da aboboreira trepam e pendem moles e despejo a água onde as raízes estão brotando para fora do solo. Reanime-se um pouco pelo menos você.

Enxugo o rosto com a toalha cheirando a suor e sento-me no tablado, quando vejo as quatro crianças da casa, que há pouco se postavam do meu lado enquanto eu lavava o rosto, agora elas também lavam seus rostos na mesma bacia, uma atrás da outra, seguindo o meu exemplo.

Esses meninos também devem estar com calor, pensei, mas não era isso. Eles eram tédio igualmente, perdidos e sem saberem para que e como fazer os menores movimentos das mãos e pés. Simplesmente me viram lavar o rosto e pensaram, então vamos também lavar o rosto que nem ele tá fazendo. E apenas lavaram seus rostos a meu exemplo, não passava disso.

5

Aos meus olhos, é repugnante ver os macacos imitarem seres humanos. A troco de quê esses meninos estão me imitando? Não se pode fazer dessas mimosas crianças do campo macacos.

Volto para a beira do riacho. Não há nada além da água podre e o salgueiro com seus ramos pendendo moles. Mas sentado ali, fico a observar desta vez o interior da poça em processo de apodrecimento.

Nesse instante, presencio um fenômeno estranhíssimo. Inúmeros pontinhos de sujeira se movem ordenando-se numa direção! Isso só pode ser algum organismo vivo. Só pode ser um cardume de girinos!

Eu jamais poderia sonhar que neste pedacinho de pântano apodrecido vivesse uma população de seres tão minúsculos. Amontoam-se todinhos ora pra cá ora pra lá, devem também estar procurando comida. O que é que eles comem para viver? Devem comer bichinhos. Mas será que existem bichinhos que sejam ainda menores que girinos?

Eles não param um instante. Movimentam-se até escurecer. Parecem fazê-lo mais ou menos do mesmo jeito e com a mesma motivação. Motivação! É, mesmo no mundo dos girinos parece haver um objetivo que urge.

Pouco a pouco, movem-se rio abaixo em multidão. O que pretendem afinal nadando rio abaixo, só rio abaixo? Não, talvez no meio do caminho eles passem a subir o rio, voltando contra a corrente. Mas no momento, estão, sem dúvida alguma, dirigindo-se rio abaixo. Rio abaixo! Rio abaixo!

Cinco minutos depois eles haviam descido o rio já longe a ponto de não serem mais visíveis. E a poça voltou a ser uma silenciosa poça de água podre como era há pouco.

Decido levantar-me e andar até a grama. Lá está uma vaca.

Mas que danada, como pode, quer dizer que aquela pocinha escondia um fenômeno daqueles! – eu estava até que bastante enervado. Mas como tal fenômeno também já havia passado que nem uma chuva de verão, o jeito agora era esquecer e deixar estar.

Aqui, o chifre já não é mais uma arma para o boi. O chifre do boi é apenas material para armação de óculos. Sendo a atividade principal do boi apanhar do homem, não lhe é necessária uma arma. O chifre do boi é apenas um protótipo arqueológico à disposição do zoólogo. Sabe, houve um tempo, quando éramos bois selvagens, em que avançávamos com isto – memorial melancólico como uma condecoração no peito de um soldado mutilado.

Os chifres de uma fêmea são ainda mais modestos do que os do macho. É improvável que esses melancólicos chifres me atinjam, de modo que posso me deitar no gramado ao lado descontraído. Deitado, começo por olhar a vaca.

A vaca interrompe por um instante a sua ruminação e me fita.

"Mas por que é que o rosto desse homem é tão pálido? Deve ser um doente. Preciso é tomar cuidado, vá saber se não está querendo por acaso ameaçar a minha vida."

Assim a vaca deve ter-me psicologizado no seu íntimo. Mas, cinco minutos depois, a vaca já volta a ruminar. Mais do que ela, sou eu quem se descontrai com isso.

O boi é, sem dúvida, o senhor animal mais preguiçoso existente na face da terra, capaz de desprezar até mesmo a alegria do apetite. Quanto não terá sido fustigado pelo tédio, para ser capaz de fazer voltar a comida que já adentrou o estômago a fim de fingir um deleite às avessas com aquele paladar acriazedo do material semidigerido?

Quanto maior a estatura da boi, maior e mais triste o seu tédio. Deitado em frente à vaca, humildo-me diante da minha solidão insignificante, uma bactéria de tão ínfima, e penso às escondidas se também seria possível ou não uma ruminação do pensamento dentro de mim.

6

Uma meia dúzia de crianças brinca no meio da rua. Bando de corpos seminus cabelos vermelhos pele cobre[9]. Cútis turvas narizes escorridos saiotes na cintura[10] torsos desnudos, só com esses dados mal dá para distinguir o sexo de cada um.

Mas se não for uma menina é um menino, e se não for um menino é uma menina, enfim, não há dúvida de que se trata de mimosas "crianças" de cinco seis anos, ou de sete oito anos. Estas crianças, tendo escolhido o meio da rua, agora brincam.

Catam pedrinhas. Aqui não tem estilhaços de cerâmica nem pedaços de tijolos. As pessoas daqui não jogam fora pratos com bordas quebradas.

Vão arrancar mato. Mato – haverá algo mais comum do que isto? Para eles, tudo o que tenha cor verde, seja lá o que for, é um fastio sem igual. Mas não tem jeito. Como é proibido arrancar o que seja das plantações, só restava mesmo mato.

Amassam o matinho com a pedra. O líquido esverdeado vai tingindo a pedra. Então largam a pedra e o matinho de lado, trazem uma outra

---

9. São cores que se referem às crianças sujas de terra.
10. Na paisagem rural tradicional coreana, era comum os meninos e as meninas vestirem um tipo de saiote.

pedra e um outro matinho, e repetem a mesma coisa. Por uns bons dez minutos, brincam desse jeito quietinhos sem dizer nada.

Com apenas dez minutos o tédio chega. O matinho é maçante a pedrinha é maçante. E agora, o que é que tem além disso? Não tem. Todas elas se levantam de uma vez. Não há seqüência, nem matéria-prima para esse impulso. Simplesmente experimentaram se levantar desta vez porque se encheram de ficar sentados.

De pé, esticam os braços bem alto em direção ao céu. E soltam uns gritos, quase berros. Daí, começam a dar uns pulos chulos no mesmo lugar. E pulando, dão gritos ao mesmo tempo.

Lágrimas vieram-me aos olhos ao ver esta cena. O que é preciso para brincarem daquele jeito? Essas crianças não sabem nem brincar. É que os pais, de tão pobres, sequer podiam comprar brinquedos para seus mimosos bebês.

A brincadeira deles, dar pulos gritando e com os braços esticados em direção ao céu, não parecia a mim de jeito nenhum uma brincadeira. O que mais isso pode ser senão um grito de acusação amaldiçoando o criador: por que é que o céu é azul desse jeito ontem, hoje e amanhã? por que é que as montanhas os campos são verdes desse jeito, ontem hoje e amanhã?

As crianças não podem brincar com cães que nem sabem latir. Nem por isso podem brincar com galos de olhos saltados e vermelhos de tanto procurar por comida. O papai e a mamãe estão ocupados demais. Os irmãos mais velhos também estão ocupados. E, não tem outro jeito senão as crianças brincarem entre crianças. Mas afinal de contas, com que e como brincar? Para elas, para elas que não tinham um brinquedo sequer, jamais haveria qualquer gesto de ousadia. Elas são infelizes a esse ponto.

Essa bizarrice também dura cinco minutos. Se continuarem por mais tempo, acabarão ficando cansadas. Por que motivo as crianças inocentes deveriam ficar cansadas? Elas param com esse negócio acima de tudo por pura falta de graça.

Elas voltam a se sentar em fileira. Estão sentadas em silêncio. O que fazem? É uma brincadeira, parece ser alguma brincadeira, seja lá que brincadeira for – mas que brincadeira mirabolante teriam inventado essas minúsculas criaturas do tédio?

Cinco minutos depois, elas se levantam uma após outra, afastando-se para o lado. Cada uma delas havia feito um montinho de cocô no chão. Ah – isso também era uma brincadeira delas! Era a última brincadeira, a derradeira invenção lúdica dessas crianças absolutamente impotentes. Uma delas, no entanto, não se levantou mais. Ela não conseguia evacuar. Era então com certeza uma infeliz perdedora neste jogo. Nos olhos das outras crianças, via-se claramente um brilho zombeteiro. Ah – Deus criador, concedei a essas crianças paisagens e brinquedos!

7

O dia escureceu. É a noite que avança como o fundo do mar. Estou um tanto estranho. Pensando bem, pareço estar com fome. Se isso for verdade, então, por que é que tenho fome? Fome por quê, se não fiz nada?

Pois eu não tinha visto que, na poça que parecia efetuar apenas o auto-apodrecimento, na verdade passeava um cardume de girinos? Então vai ver que nas minhas entranhas um bando de girinos imperceptíveis a mim também estejam serpeando por aí. De qualquer forma, não posso deixar de comer.

Na mesa, picles de alho, massa de soja e refogado de pimenta estão postos como se consubstanciassem a Lei da Inércia. Mas toda vez que como, essa comida me é diferente à boca, à lingua. Mas não consigo explicar o motivo.

Quando como no pátio, as inúmeras estrelas fazem a maior algazarra em cima da minha cabeça. O que é que elas querem que eu faça? Para mim estrelas não podem ser objeto de astronomia. Nem por isso são tema de inspiração poética. São apenas um refúgio eterno inalcançável do tédio absoluto sem perfume e sem textura. É, até as estrelas são, assim, sem graça.

Quando vou para fora depois do jantar, fumaças de espantar mosquitos assomam de casa em casa.

Eles dormem sobre uma esteira estendida no pátio. Dormem olhando para as estrelas. Mas eles não vêem as estrelas. É prova disso que fecham os olhos assim que se deitam. E assim que fecham os olhos já se põem a roncar. As estrelas não dizem respeito a eles.

Na rua, fico andando pra cá pra lá para acelerar a digestão. Cada vez que me volto, aumenta o número de pessoas deitadas na esteira. Que diferença entre elas e cadáveres? Cadáveres que sabem comer e dormir – é melhor eu parar com esses pensamentos pouco educados. É melhor eu ir dormir também.

Volto para o quarto e me observo. A minha vida de agora, truncada de tudo – esta minha vida de agora, que não oferece nem sequer um mote para o suicídio, é que é, de fato, o extremo tédio do tédio.

No entanto, há algo chamado amanhã. Mesmo lá do outro lado da noite, onde parece que não mais amanhecerá, posta-se firme um sujeitinho chamado amanhã. Como um implacável atroz detetive – não posso me esquivar desse detetive. Dentro desse amanhã que já se tornou hoje, devo novamente me entediar *ad asphixiam*, e me enfastiar *ad absurdum*.

Não precisarei pensar em coisas do tipo, e então o que foi mesmo que eu fiz no dia de hoje? Vamos é dormir – e se infelizmente – ou, felizmente, acordar de novo, jogo mais uma partida de *jánggui* com o sobrinho do Choi, pronto, posso ir ver o cardume de girinos na poça, e também sempre é possível fruir dessa preguiça sem fim ruminando – como um boi, as poucas memórias que ainda restam, não é mesmo?

Uma mariposa avança e apaga o fogo. Deve ter morrido ou sofrido queimaduras. Mas esse sujeitinho chamado mariposa é quem sabe viver. Pois sabe avançar quando vê fogo – um entepaixão que sabe andar por aí no seu dia-a-dia cheio de ansiedade procurando por fogo.

Mas aqui, onde é que tem paixão à procura de fogo ou fogo onde me atirar? Não tem. Para mim não há nada e com esses olhos onde não há nada não dá para ver nada.

Uma vez que escuridão é tão-somente escuridão, não deve haver diferença em quantidade entre a que está neste quarto estreito e a que preenche todo o universo. Eu, deitado no meio desta escuridão não mensurável, não tenho o que respirar o que acariciar e nem o que ambicionar. Há somente o amanhã que não sei até onde irá, e sentindo-o postar-se ali do lado de fora da janela como um farol, apenas tremo, tremo apenas.

FELICIDADE

A lua chegou ao coração do céu, assim já está bom. A água (maré) parece que ainda não subiu toda. Vê-se ao longe a linha limítrofe entre a areia molhada e a areia seca sob o luar. Chuáchuá – talvez restem ainda alguns metros. Nós dois, sentados na ponta do penhasco, estamos esperando por aquele dado momento.

– Vamos lá, vamos agora nos levantar.

Quarenta e nove toquinhos de cigarro estão espalhados à minha frente como brotos de um mato. O último cigarro está queimando. Parece que eu devo poder tomar uma decisão final enquanto essa coisinha queima até o fim.

– Vamos lá, vamos logo nos levantar.

A Són se levantou e agora parece mesmo que o tal momento esperado finalmente sobreveio. Eu, arrumando o cabelo da Són com os dedos:

– Está com medo?

– Nãaaao.

– Está um pouco frio, né?

– E daí?

Os lábios estão quentes. É porque o qüinquagésimo cigarro queimou-se todo. E agora não há mesmo jeito de evitar.

– Vamos lá, então, me agarre bem.

– Agarre bem.

Para mim era um pânico deixar passar a olho nu o ápice da felicidade. Não posso admitir que o meu corpo viva sobre a terra depois deste momento. Nem por isso posso ir embora deixando a Són.

No entanto...

As ondas estavam inesperadamente altas. Mesmo dentro delas nós dois não nos apartamos. Não se sabe quanto tempo ficamos a vaguear na água sem nos apartarmos até que finalmente veio o cansaço...

Antes de morrer.

Parece que é assim que vou morrer. Primeiro, o braço da Són desamarrou-se, fora do meu pescoço. Ao mesmo tempo, o meu braço deixou escapar a cintura da Són. Naquele momento, o grito de cisne da Són que o meu ouvido embebido de água ouviu foi:

– (Fulano)!

Esse não é, de forma alguma, o meu nome.

Eu, mesmo dentro daquelas ondas, fiquei de súbito com todos os nervos acesos. Ah é? Se for assim...

Eu, morrer é que não posso.

Eu, com todas as últimas forças que me restavam, dou um repelão com o calcanhar. O corpo, com o impulso, subiu. Quando a cabeça saiu para fora da superfície, vi à minha frente a rocha onde nós dois estávamos sentados. Como a maré estava subindo, as ondas batiam em direção à praia. E assim, em pouco tempo pude alcançar a pedra. E ia sair andando sem nem olhar para trás quando de repente,

É preciso salvar a Són.

Não pude evitar de captar essa revelação demoníaca. Um ponto preto subia e descia ao luar; quando suspendi o corpo molemente distendido da Són, ela ainda estava quente.

Oho, é você.

Você será infeliz por sua vida inteira no recesso de um castigo informe que lhe imputarei. Foi assim que nós dois nos casamos.

No quarto nupcial eu apliquei o castigo à noiva. Como?

Ensinei variados caminhos de felicidade por meio de variados materiais didáticos. Obviamente também o gosto terno do meu abraço.

Mas sempre que a Són tenta mostrar um pouco de dengo, instantaneamente forjo uma frieza de velho tronco de árvore seco numa cumeeira. No quarto batia sempre um sinistro vento outonal.

Por causa desse excesso de trabalho fiquei muito magro. Mesmo assim, os meus olhos, vermelhos, ainda procuram algo. Por vezes pergunto a mim mesmo:

– O que você quer? Vingança? Pois vá devagar devagar, é algo que só vai terminar no dia em que você morrer.

– Não é isso! É que estou procurando uma virgem que vá amar somente a mim não posso amar uma mulher que tenha amado um homem talvez dois homens por quê? Então está dizendo para eu me contentar com resto do esqueleto já comido?

– Ha, você esqueceu é? Que o fim de sua vingança é o dia de sua morte? O que é que se vai fazer se a sua vida foi posta sobre uma ara sacrificial já desde o momento de sua ressurreição?

Mesmo assim passaram-se três meses. Ao coração do carrasco veio o cansaço.

– Não quero mais. Tô cheio. Quero, uma só vez que seja, experimentar viver na condição de gente comum. Dá-me de verdade uma namorada.

É preciso devolver a Maomé o que é de Maomé. Em três meses, esbanjei deste jeito o grandioso projeto ao qual dizia querer sacrificar a vida inteira.

Jamais amei alguém como a você ou ainda amarei somente a você são palavras daquela mulher que não passam de uma "fórmula de cumprimento" para qualquer homem que não o seu primeiro amor. Disso não se deve esquecer.

– Pois eu encontrei.

– Quem?

– O (fulano).

– Huuumm. E aí, ele casou?

Isso preocupa tanto assim a Són? Deve preocupar.

Eu na verdade:

– Nãaao, estava só, disse que estava morando num hotelzinho barato.

– Ah, então, ele não casou ainda. Por que será?

Oh triste monólogo da Són!

– Coisa feia, estava gordo que só.

– O quê? Pára de ficar querendo ironizá-lo desse jeito. Você não sabe, apesar de tudo, perto de vocês (esse "s" é que é, dentre os mil erros da Són, "O" erro) ele é muito mais humano, é só que o homem é um pouco lento, só isso.

A partir desse ponto, não pude mover os lábios para mais nada. E até me arrependi de frustração.

Obviamente a Són não é a minha Són. Não só não é minha mas como amou o fulano e depois disso o sicrano e depois disso....

E depois disso agora me ama. Parece que está experimentando fingir que. Mas quanto a mim, só amo a Són. Por isso, nós...

O feitiço que evoluíra ao ponto de me perguntar e agora o que devo fazer esboroa-se, minado pelas gotas que despencam do teto rachado. Fora da janela já é madrugada e o barulho da chuva parece provocar-me a dizer isso e mais aquilo da minha preguiça.

PARAÍSO PERDIDO

A Moça

A moça deve ser com certeza um retrato de alguém. Está sempre quieta.

A moça tem dores lombares de quando em quando. É porque alguém fez uma brincadeira com o lápis. O lápis contém veneno. Quando é assim, a moça fica pálida como alguém que engoliu um projétil.

A moça também tem hemoptises de vez em quando. Isso porque uma borboleta ferida vem e pousa. Os galhos que mais parecem teia de aranha não agüentam sequer o peso de uma borboleta. O galho se parte.

A moça estava no meio do barquinho – fugindo da multidão e da borboleta. A pressão da água congelada – a pressão atmosférica do vidro congelado poupou à moça apenas a vista. E têm início inúmeras leituras. Ela costuma freqüentemente se esconder num livro fechado ou talvez nalguma fresta da estante transformada em "algo fininho" feito folha. Na minha tipografia se mistura o cheiro da pele da moça. No meu exemplar encadernado ainda resta a marca de ferro da moça. A única coisa que não dá para confundir nem mesmo com o mais intenso dos perfumes...

As pessoas criticaram a moça dizendo que ela era minha esposa. Não quero ouvir. É mentira. Realmente não há nenhum traste que tenha visto essa moça.

Mas a moça não pode deixar de ser esposa de não importa quem. Pois a moça largou alguma coisa parida no meio do meu útero – mas eu ainda não dei isso à luz. A não ser que eu jogue fora este conhecimento –

chamado tal –, que me causa calafrios, isso acabará por me putrefazer como um carvão carcomendo-me dentro do corpo.

Eu acabei cremando a moça e deixei estar. Quando o abscesso queimava por dentro de minhas narinas, aquele cheiro rondava em mim indefinidamente, meditabundo e de cabeça baixa, sem querer desaparecer.

O Capítulo dos Parentes de Sangue

Havia um homem esfarrapado à imagem e à semelhança do cristo. Se havia alguma diferença, era só que em comparação ao cristo ele não tinha o dom da palavra e era bastante ignorante.

50 e 1 de 12 anos[1].

Eu não posso deixar de assassinar esse cristo postiço. Se não, são mesmo opressivos os seus ares de quem me quer confiscar a vida.

Mulher manca de uma das pernas – essa vem me acossando sempre de costas para mim. Parece estar cobrando o ressarcimento das despesas com meus músculos, cacos dos meus ossos e um pequeno volume de sérum. Mas...

Será que possuo um capital desses? Que eu escreva romances, não dá três vinténs. Pelo contrário – tenho é vontade de exigir indenização por este patamar.

Mas – como pode haver uma mulher assim tão perversa? Eu. Não posso deixar de fugir dessa mulher torpe.

Uma única vareta de marfim. Um único balão.

Até a caveira que jaz no túmulo está me exigindo alguma coisa. Nem sonha que aquele carimbo já perdeu a validade há muito tempo.

(Como compensação desistirei da totalidade da minha inteligência.)

Dizem que depois de sete anos todas as células do corpo humano são substituídas, até a última delas. Por sete anos eu hei de fazer refeições

---

1. Esta equação ininteligível traz os seguintes ideogramas: 年記五十有一, cujos significados são, respectivamente, "período de 12 anos" (年記), "50" (五十), uma conjunção aditiva (有), "1" (一). Possivelmente, trata-se de alguma referência à Bíblia ou a Cristo, assim como "33", a idade de Cristo quando foi crucificado, ou "cinco mil", a história da humanidade segundo a Bíblia.

irrelacionadas na companhia desses parentes de sangue. E vou tentar obter uma nova linhagem que não seja em prol de mim – será que não posso pensar assim?

Estão dizendo para eu mandar de volta? É só passar sete anos vomitando areia que nem um peixinho dourado. Não, melhor – feito um bagre.

O Paraíso Perdido

O anjo não está em lugar nenhum. O "paraíso" é um sítio vazio.

Acontece de eu encontrar de quando em quando uns dois ou três anjos. Cada qual muito facilmente me dá um beijo. Mas subitamente caem mortos naquele mesmo instante. Como se fossem zangões...

Há até boatos de que os anjos teriam brigado entre anjos.

Pretendo falar a B. do motivo pelo qual irei me desfazer do cadáver do anjo de cuja posse gozo. Poderei fazer rir um monte de gente. De fato, alguém como o S. irá gargalhar. Isso porque o S. já tem a experiência de guardar fielmente por dez anos o cadáver de um anjo notável de mais de cinco pés.

Será que não há uma bandeira tipo bandeira-de-torcida que possa chamar de volta o anjo?

Não entendo como o anjo gosta tanto do inferno. Até parece que o encanto do inferno foi aos poucos divulgado também entre os anjos.

O beijo do anjo contém veneno de todas as cores. É muito comum que aquele que foi beijado padeça infalivelmente de uma doença qualquer e por fim morra.

O Espelho

Uma pena com ponta de ferro. Vidro de tinta. Pedaço de papel com alguma coisa escrita (tudo na quantidade para uma pessoa).

Parece que não há ninguém ao redor. E acho que se trata de um estudo ilegível. Como a "frieza" do vidro não vê com bons olhos o cheiro do corpo que ainda resta, não há como pesquisar que tipo de pessoa era este último e trágico estudioso. Essa natureza morta de engenhoca rudimentar é erma, estanque[2] e não mostra nenhuma alegria.

Se ao menos tiver sangue se ao menos o último glóbulo não estiver morto a vida estaria preservada de algum modo.

Será que há sangue? Será que alguém viu manchas de sangue? Mas no finalzinho daquela literatura ininteligível não há assinatura. Esta pessoa – se uma entre mil a pessoa que é aquela pessoa for a pessoa que é aquela pessoa – deve voltar.

Será que não terá morrido? – carregando sobre a sua pessoa a glória de um último soldado – que nem sequer discutiria os seus méritos. Estou farto. Será que ele com certeza voltaria? E depois dirigiria aquela natureza morta mexendo os dedos adelgaçados e o corpo cansado?

E ainda assim jamais mostraria qualquer sinal de que está se alegrando. E nem ficaria tagarelando. Mostraria frieza diante da tinta que se torna literatura. Mas no momento é uma quietude sem fim. É uma natureza morta tosca que se recusa a se alegrar.

A natureza morta ficaria obstinadamente cansada. O vidro é pálido. A natureza expõe até os cacos dos ossos.

O relógio se move na direção esquerda. O que será que este "medidor" calcula? Mas acho que a pessoa que é aquela pessoa também deve ter ficado cansada. Aquela redução de calorias – todo aparelho tem os anos contados. Quase quase – é uma natureza morta cruel. Por que será que aquele poeta inquebrantável invencível não retorna? Terá de fato morrido em combate?

A natureza morta no meio da natureza morta está lacerando a natureza morta no meio da natureza morta. Não é mesmo cruel?

---

2. O original traz um símile em que equaciona "ermo" a algo – um vocábulo estrangeiro grafado em coreano – que não foi possível identificar com precisão. O vocábulo tem uma pronúncia aproximada à da palavra *stanching* (inglês), motivo pelo qual optou-se por uma tradução em nível sonoro, "estanque", da mesma origem latina (*stancare*).

Impressões digitais deixadas no maço de vidro que confina o ponteiro de segundos não poderão deixar de se regenerar – para provocar a atenção daquele trágico estudioso.

Auto-Retrato (esboço)

Não dá para distinguir de jeito nenhum que país é este. Lá tudo o que se tem é um território do trânsito, de um ir-e-vir sem fim de-e-para os tempos remotos. Aqui é ruínas. Tem um nariz que parece uma pirâmide. Por este buraco "algo imemorial" vai e vem. O ar não se desbota da sua cor. Isso é exatamente aquilo que a minha encarnação anterior ou talvez o meu antepassado respirava. Nas minhas pupilas o céu azul se encontra coagulado formando o croqui do retrato dos tempos remotos. Aqui nenhuma memória foi deixada em testamento. Apenas passa pelos ouvidos o "algo de passos difíceis" da civilização como uma lápide de inscrições desgastadas. Alguém disse que isso era uma *dead mask*. Um outro alguém disse também que a *dead mask* foi roubada.

A morte se depositara como uma camada de gelo. Como uma planta que vai secando, a barba, sem crescer, só ficava mais áspera. E a boca, seguindo o tempo que faz no céu, grita bem alto – como uma corrente de água.

A Imagem da Lua

Aquele barbudo tirou o relógio e olhou. Eu também tirei o relógio e olhei. Disse que estava atrasado. Disse que estava atrasado.

Atrasada uma noite a lua apareceu. Mas com um traje por demais incrível detalhe por detalhe. Toda estropiada – acho que parecia até hemofílica.

A terra num instante ficou infestada com um fedor de arder as narinas. Comecei a andar em direção oposta à da lua. Fiquei transtornado – como a lua pode estar tão miserável assim...

Pensei no que houve ontem – aquela escuridão – e também no amanhã – aquela escuridão...

A lua lerda não avança. Minha sombra que mal e mal existia avultava e diminuía. A lua parecia ter dificuldades em suportar o próprio peso. E prenunciou o mau agouro da escuridão do amanhã. Eu agora não tinha outra escolha senão procurar outra palavra.

Eu devo lutar com o firmamento – um ardido inverno. Não tenho outra escolha senão me congelar entre as geleiras e montanhas de neve. E devo dizer esquecer tudo o que se relaciona com a lua – para descobrir uma nova lua...

Imediatamente eu hei de ouvir um estrondoso soberbo som. A lua cairá. A Terra ficará toda ensangüentada.

As pessoas estremecerão. Tentando nadar em meio a sangue e pus da lua ferida acabarei por fim congelado.

Um estranho ar de espírito maligno e sangue[3] parece infiltrar a minha medula. Só eu pareço poder pressentir a última tragédia da Terra de que o Sol desistiu.

Eu finalmente pude alcançar a minha sombra que corria à minha frente e superá-la.

À minha frente a lua. Uma nova – uma nova –

Uma de fogo – ou talvez uma formosa enchente –

---

3. O nome Yi Sán[g] possui vários sentidos em palavras homófonas, entre eles, "estranho" (ver Apêndice). Uma vez que em "Um estranho ar de espírito maligno" este jogo semântico se perde em português, pretendeu-se recuperar o eco sonoro na tradução com "espírito maligno e sangue" (*i sángui*), sintagma no qual se imita o nome-assinatura do poeta.

EPITÁFIO

Em qualquer tempoépoca o seu contemporâneo desespera. A desesperança gera artimanhas e as artimanhas o fazem desesperar novamente.

ALGUÉM AÍ ME ACENDA A LUZ

Ei, alguém aí me acenda a luz.

Pois é, vim até aqui tateando a muito custo. Mas com essa escuridão!?

Agora não tem jeito mesmo! Como poderei dar um passo sequer de tanto medo!?

Ei, alguém aí me acenda a luz.

- P
- O
- E
- M
- A
- S
-

Olho-de-Corvo
오 감 도

SOBRE OLHO-DE-CORVO

A série de poemas intitulada *Olho-de-Corvo* representou um projeto poético de Yi Sán[g] publicado no diário *Jo-Són-Jun[g]-An[g]*, o principal jornal da época, no ano de 1934. Yi Sán[g] obtivera essa oportunidade através do romancista Ba[k] Te-wón, considerado então um autor hermético que se deixou seduzir pela poesia de Yi Sán[g] e promoveu o encontro deste com Sán[g]-hó, outro escritor que, na ocasião, trabalhava no mencionado jornal.

O conto mais famoso de Ba[k] Te-wón, *Um Dia na Vida do Romancista Kubô*, foi estampado quase na mesma época da publicação dos poemas de Yi Sán[g] no mesmo diário[1], e com ilustrações do próprio Yi Sán[g] sob o pseudônimo de Ha-yun[g]. Tanto o conto quanto as ilustrações não foram bem recebidos, como era previsto, mas nada se poderia comparar à fúria e indignação públicas perante o *Olho-de-Corvo*. Desde a publicação do primeiro poema, cartas indignadas choveram na redação: "delírios de um demente" era o comentário mais comum, juntamente com severas críticas quanto à irresponsabilidade do próprio diário, tida como uma afronta aos leitores. As críticas não vinham só de fora do jornal, mas também de dentro dele, deixando Sán[g]-hó numa posição delicada, o que o levaria a demitir-se ao cabo de quinze dias.

Tendo Yi Sán[g] planejado publicar um poema por dia durante 30 dias, a começar de 24 de julho, seu projeto teve de ser interrompido a 8 de agosto. Portanto, apareceram apenas 15 dos 30 poemas inicialmente propostos, os quais são apresentados integralmente nesta edição.

---

1. Na época, o jornal era o principal meio de publicação literária, incluindo o que no Brasil era chamado folhetim. É nessa época que surgem vários periódicos para abrigar a produção literária fervilhante.

Logo após a morte do poeta, Ba[k] Te-wón revelou ao mundo um dos raríssimos registros de Yi Sán[g] como autor. A "Nota do Autor", não publicada, sobre o incidente, tem forte tom de desabafo:

Não entendo por que me acusam de ser louco mas que diabos com tantas décadas de atraso em relação aos outros conseguem manter as mentes tranqüilas? Para sanar a nossa ignorância o meu talento também deve ser insuficiente mas não é chegada a hora de tomar um pouco de vergonha de tanto tempo passado só brincando na maior preguiça? É uma mercadoria diferente daquela do bando de pretensos poetas que rolam por aí cheios de confiança de que sabem fazer poesia tendo esboçado dez ou vinte poemas. Suei para selecionar 30 dentre mais de 2 000. Do trabalho de trinta e poucos anos, apenas pus pra fora a cabeça do dragão e é lamentável ter de parar no meio sem poder esboçar um rabo de cobra que seja mas nem rabinho de rato pude traçar de tanta algazarra que estão fazendo. Foi um erro esquecer-me por um momento das condições limitantes do jornal, mas agradeço a Yi Te-hwán e a Ba[k] Te-wón por se colocarem ao meu lado com tanto fervor. Ferro – este é o lema para o meu novo rumo e é lógico que continuarei na recusa de me curvar a quem quer que seja mas é triste esta terra erma onde se grita e não se tem eco. Nunca mais – mas que nunca mais o quê nem haverá outro jeito e paro por aqui por enquanto. Por um tempo pretendo manter silêncio estudando e consertando o que estão chamando de doença mental.

Mas quem dirá que a publicação do *Olho-de-Corvo* foi um fracasso? Se a grande massa de leitores recebeu-a a pedradas, a série de poemas ganharia, por outro lado, uma legião de fãs definitivos. E acima de tudo, o incidente se estabeleceria como um marco absoluto na história da literatura moderna coreana. Junto com o conto *Asas*, o *Olho-de-Corvo* garantiria a sua posição como referência obrigatória para jovens a alimentar o desejo de inconvencionalidade e inconformidade em relação ao *establishment*. Acabaria se tornando um verdadeiro fetiche, embora muitos conhecessem apenas o primeiro dos 15 poemas, mesmo porque vários deles são de uma ilegibilidade absolutamente refratária à compreensão. Isso na verdade era o menos importante para uma classe de jovens que amou justamente essa recusa a uma dócil transitividade.

A academia teve de correr esbaforida para dar conta desse fenômeno "inexplicável", da fama inesperada em torno de uma obra a seus olhos "incompleta" e "escapista"[2]. Embora tivesse a sua genialidade reconheci-

---

2. O engajamento explícito era quase um imperativo para um escritor que pretendesse ser levado a sério.

da em *Asas*, Yi Sán[g] foi tratado pela academia ortodoxa como um capítulo à parte, quase que uma curiosidade não desprezível, e demoraria para merecer leituras apropriadas. Foi de mão em mão entre jovens do pós-guerra[3], tão atormentados quanto Yi Sán[g], que a sua obra ganhou uma surpreendente sobrevida, e hoje firma-se como um totem inamovível da literatura experimental.

O título *O-Gám-Dô* (*Olho-de-Corvo*) que cobre os 15 poemas é, na verdade, um neologismo criado pelo autor a partir da expressão *Jo-Gám-Dô*. Esta última, uma expressão técnica, designa uma pintura, desenho ou mapa de uma paisagem vista de cima e em diagonal. Literalmente:

Jo = "pássaro"
Gám = "um olhar para baixo"
Dô = palavra genérica que designa "desenho"[4]

Em outras palavras, a expressão é oriunda de uma simulação da visão de um pássaro sobre uma paisagem. Da subtração da consoante de *Jo*, "pássaro", obtém-se *O*, que significa, por sua vez, "corvo". Em alfabeto coreano, isto implica a substituição da consoante ㅈ (j) pela consoante neutra ㅇ, indo-se de 조 a 오. A sutileza dessa substituição é ainda mais elegante se se levar em conta que o título foi grafado em ideogramas chineses, como era de praxe na época[5]. Comparem-se, a seguir, os ideogramas para *Jo* e *O*, respectivamente 鳥 e 烏[6], diferença quase imperceptível para olhos não-treinados. Obviamente, a brincadeira do autor é muito mais eloqüente nesta forma, pois dos 11 traços que formam o ideograma *Jo* (pássaro), subtraiu-se um único traço na metade superior do ideograma, que

---

3. Guerra da Coréia (1950-1953), cinco anos depois da libertação da ocupação japonesa em 1945.

4. Há uma expressão em inglês, da qual provavelmente a expressão coreana é tradução: *bird's-eye-view*; em francês, diz-se *à vol d'oiseau*.

5. Na época, o uso dos ideogramas era intenso, ainda mais devido à influência japonesa, cuja escrita se vale fortemente deles. Os títulos, os nomes e os substantivos-chave numa sentença eram, via de regra, grafados em ideogramas. Sobre a relação dos ideogramas chineses e a língua coreana, ver Apêndice.

6. Note-se que esta é a forma com que a expressão foi grafada. Era, no entanto, lida em coreano, respectivamente *Jo* (조) e *O* (오).

remotamente lembra a cabeça de um pássaro – o traço do meio retirado da "cabeça" do pássaro corresponde, justamente, ao elemento "olho". Uma tradução prosaica para *Jo-Gám-Dô* seria *Vista Panorâmica*, o que impossibilitaria a tradução da brincadeira contida no título. Por isso, a partir da expressão igualmente técnica "olho-de-peixe", utilizada em equipamento fotográfico, foi criado o sintagma "olho-de-corvo".

Tal título prenuncia um olhar que se lança sob o signo do mau-agouro, sombra negra das asas de um corvo, como que uma voz dizendo "trago-lhes más notícias". É o olhar do autor sobre a paisagem humana: um olhar oblíquo e sinistro.

Também não é de descartar a intertextualidade que se estabelece com a obra de Edgard Allan Poe, embora Yi Sán[g] jamais tenha deixado qualquer nota sobre suas influências literárias. Sua famosa preguiça não permitia que chegasse a tanto. No entanto, à vista dos *flashes* de erudição inesperada que o autor deixa repontar aqui e ali em sua obra, inclusive sobre as artes do Ocidente – o desabafo acima deixa entrever aflição diante do "atraso em relação aos outros" –, tal hipótese parece sustentável. Sem a pomposidade gótica de Poe, a morbidez, a amargura e a tendência depressiva são também seus traços marcantes, sobretudo na obra poética. Contudo, foi da ironia que Yi Sán[g] fez a sua grande arte e exponenciou-a principalmente em direção a si próprio.

No caso do *Olho-de-Corvo*, a opção pela numeração dos poemas sem títulos específicos tem sido apontada como influência surrealista. A intenção seria de subtrair ao leitor a tendência de atribuir-lhes um sentido prévio. Tal suposição encontra reforço em outras obras poéticas, com clara influência surrealista.

Mas é possível também que a ausência de títulos derive do fato de que os 15 poemas parecem girar em torno de uma única questão: o espelho. Por isso, à guisa de introdução aos textos, vale citar *Espelho*, poema auto-explicativo de Yi Sán[g], que parece resumir toda a poética de *Olho-de-Corvo*.

ESPELHO[7]

Não há som den tro do es pe lho
Não de ve ha ver ne nhum ou tro mun do tão si len ci o so as sim

Den tro do es pe lho tam bém te nho o re lhas
Du as po bres o re lhas que não en ten dem o que eu di go

O eu den tro do es pe lho é ca nho to
Um ca nho to que não res pon de ao meu a per to de mão que não co nhe
[ce o a per to de mão

Eu não con si go to car o eu do es pe lho por cau sa do es pe lho
Mas se não fos se pe lo es pe lho co mo eu te ri a ao me nos co nhe ci do
[o eu do es pe lho?

Eu no mo men to não te nho es pe lho mas den tro do es pe lho há sem pre
[o eu do es pe lho
Não sei mui to bem mas deve es tar ab sor to em al gum tra ba lho
[ca nho to

O eu do es pe lho é bem o o pos to de mim mas tam bém se pa re ce mui to
[co mi go
Res sin to me mes mo de não po der me preo cu par e di ag nos ti car o eu
[do es pe lho[8]

---

7. Em grande parte de sua obra poética, o autor ignora o espaçamento entre os caracteres. No entanto, a dificuldade provocada por essa operação não é tão dramática, uma vez que a escrita coreana é uma seqüência de "montagens silábicas" e não uma seqüência corrida de letras. Experimentaram-se soluções variadas para a questão, e neste caso em particular foi utilizada a separação silábica. Para explicações complementares, refira-se ao Apêndice.

8. Original na próxima página.

거 울

거울속에는소리가없소.
저렇게까지조용한세상은참없을것이오.

거울속에도내게귀가있소
내말을못알아듣는딱한귀가두개있소.

거울속의나는왼손잡이요.
내악수를받을줄모르는악수를모르는왼손잡이요.

거울때문에나는거울속의나를만져보지못하는구료만은
거울아니었던들내가어찌거울속의나를만져보기만이라도했겠소

나는지금거울을안가졌소만은거울속에는늘거울속의내가있소
잘은모르지만외로된사업에골몰할께요.

거울속의나는참나와반대요만은또꽤닮았소.
나는거울속의나를근심하고진찰할수없으니퍽섭섭하오

OLHO-DE-CORVO
오 감 도

오 감 도
시 제 1 호

13인의아해가도로로질주하오.
(길은막다른골목이적당하오.)

제1인의아해가무섭다고그리오.
제2인의아해도무섭다고그리오.
제3인의아해도무섭다고그리오.
제4인의아해도무섭다고그리오.
제5인의아해도무섭다고그리오.
제6인의아해도무섭다고그리오.
제7인의아해도무섭다고그리오.
제8인의아해도무섭다고그리오.
제9인의아해도무섭다고그리오.
제10인의아해도무섭다고그리오.

제11인의아해도무섭다고그리오.
제12인의아해도무섭다고그리오.
제13인의아해도무섭다고그리오.
13인의아해는무서운아해와부서워하는아해와그렇게뿐이모였소.
(다른사정은없는것이차라리나았소)

그중에1인의아해가무서운아해라도좋소.
그중에2인의아해가무서운아해라도좋소.
그중에2인의아해가무서워하는아해라도좋소.
그중에1인의아해가무서워하는아해라도좋소.

(길은뚫린골목이라도적당하오.)
13인의아해가도로로질주하지아니하여도좋소.

OLHO-DE-CORVO
POEMA N. 1

13criançascorrempelaestrada.
(Quantoàruaéapropriadaumasemsaída.)

A 1ª criançadizqueestácommedo.
A 2ªcriançatbdizquetácommedo.
A 3ªcriançatbdizquetácommedo.
A 4ªcriançatbdizquetácommedo.
A 5ªcriançatbdizquetácommedo.
A 6ªcriançatbdizquetácommedo.
A 7ªcriançatbdizquetácommedo.
A 8ªcriançatbdizquetácommedo.
A 9ªcriançatbdizquetácommedo.
A10ªcriançatbdizquetácommedo.

A11ªcriançatbdizquetácommedo.
A12ªcriançatbdizquetácommedo.
A13ªcriançatbdizquetácommedo.
As13criançassãoumasomasódecriançasmedonhasecriançascommedo.
(Eraatépreferívelquenãohouvesseoutrosfatores.)

Tudobemse1destascriançasforumacriançamedonha.
Tudobemse2destascriançasforemcriançasmedonhas.
Tudobemse2destascriançasforemcriançascommedo.
Tudobemse1destascriançasforumacriançacommedo.

(Mesmoumaruaabertaseriatambémapropriada.)
Tudobemtambémseas13criançasnãocorrerempelaestrada.

시 제 2 호

　나의아버지가나의곁에서조을적에나는나의아버지가되
고또나는나의아버지의아버지가되고그런데도나의아버지
는나의아버지대로나의아버지인데어쩌자고나는자꾸나의
아버지의아버지의아버지의……아버지가되느냐나는왜나의
아버지를깡충뛰어넘어야하는지나는왜드디어나와나의아
버지와나의아버지의아버지와나의아버지의아버지의아버
지노릇을한꺼번에하면서살아야하는것이냐.

POEMA N. 2

Quan do o meu pai dor mi ta ao meu la do eu me tor no o pai do meu pai e tam bém me torno o pai do pai do meu pai mas se o meu pai na con di ção de meu pai é a in da meu pai en tão por que mo ti vo eu me tor no o pai do pai...... do pai do pai do meu pai por que mo ti vo eu de vo sal tar por ci ma do meu pai e fi nal men te por que mo ti vo eu te nho de vi ver fa zen do o pa pel de mim do meu pai e do pai do meu pai e do pai do pai do meu pai?

시 제 3 호

　싸움하는사람은즉싸움하지아니하던사람이고또싸움하는사람은싸움하지아니하는사람이었기도하니까싸움하는사람이싸움하는구경을하고싶거든싸움하지아니하던사람이싸움하는것을구경하든지싸움하지아니하는사람이싸움하는구경을하든지싸움하지아니하던사람이나싸움하지아니하는사람이싸움하지아니하는것을구경하든지하였으면그만이다.

POEMA N. 3

A que le que bri ga é en fim a que le que bri ga va e a que le
que bri ga cos tu ma va tam bém ser um que não bri ga e
por is so se a que le que bri ga qui ser as sis tir a u ma bri ga
bas ta fa zer o se guin te : ou o que não bri ga va as sis te a
u ma bri ga ou o que não bri ga as sis te a u ma bri ga ou a
in da o que não bri ga va ou o que não bri ga as sis te a u ma
não bri ga.

시 제 4 호

환자의 용태에 관한 문제

```
1234567890·
123456789·0
12345678·90
1234567·890
123456·7890
12345·67890
1234·567890
123·4567890
12·34567890
1·234567890
·1234567890
```

진단 0 : 1
　　　　26.10.1931

　　　　　　이상 책임의사 이　상

POEMA N. 4

Problema relativo ao semblante do paciente

```
•  0 9 8 7 6 5 4 3 2 1
0  •  9 8 7 6 5 4 3 2 1
0 9  •  8 7 6 5 4 3 2 1
0 9 8  •  7 6 5 4 3 2 1
0 9 8 7  •  6 5 4 3 2 1
0 9 8 7 6  •  5 4 3 2 1
0 9 8 7 6 5  •  4 3 2 1
0 9 8 7 6 5 4  •  3 2 1
0 9 8 7 6 5 4 3  •  2 1
0 9 8 7 6 5 4 3 2  •  1
0 9 8 7 6 5 4 3 2 1  •
```

Diagnóstico 0:1
26.10.1931
Assigna o Médico Responsável Yi Sán[g]

시 제 5 호

전후좌우를제하는데유일의흔적에있어서

翼 殷 不 逝　目 不 大 覩

반왜소형의신의안전에아전낙상한고사를유함.

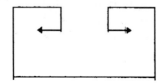

장부라는것은침수된축사와구별될수있을는가.

POEMA N. 5

Do ú ni co ves tí gio pa ra che gar a eli mi nar oantesoatrásadireitaaesquerda.

Sou a que le que não vo a mes mo com gran des a sas e cu jos o lhos não vê em gran de.

Di an te do Deus de for mas a tar ra ca das, ou tro ra me ma chu quei de uma que da.

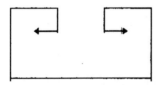

Ór gãos vís ce ras, se rá a ca so pos sí vel dis tin gui los de um es tá bu lo sub mer so?

시 제 6 호

앵무 * 2필
     2필
  * 앵무는포유류에속하느니라.
내가2필을아아는것은내가2필을아알지못하는것이니라.
물론나는희망할것이니라.
 앵무   2필
"이소저는신사이상의부인이냐" "그렇다"
나는거기서앵무가노한것을보았느니라. 나는부끄러워서
얼굴이붉어졌었겠느니라.
 앵무   2필
      2필
물론나는추방당하였느니라. 추방당할것까지도없이자퇴
하였느니라. 나의체구는중축을상실하고또상당히창랑하여
그랬던지나는미미하게체읍하였느니라.
"저기가저기지" "나" "나의 — 아 — 너와나"
"나"
sCANDAL이라는것은무엇이냐. "너" "너구나"
"너지" "너다" "아니다 너로구나"
나는함뿍젖어서그래서수류처럼도망하였느니라. 물론그
것을아아는사람혹은보는사람은없었지만그러나과연그럴는
지그것조차그럴는지.

POEMA N. 6

Papagaio * 2 deles
           2 deles
   * Pois o papagaio pertence à classe dos mamíferos.

Pois o que ssseei dos 2 é o que não ssseei dos 2. Pois logicamente não perderei a esperança.

Papagaio * 2 deles

"Esta mocinha é a esposa do cavalheiro Yi Sán^g?" "É sim."
Pois foi aí que vi o papagaio irado. Pois devo ter ficado com o rosto vermelho de vergonha.

Papagaio   2 deles
           2 deles

Pois logicamente fui expulso. Pois nem foi preciso ser expulso já que me retirei voluntariamente. Pois talvez porque o meu corpo tenha perdido o eixo principal e por um bom tempo ficou na errância chorei minuscula-mente.
"Ali é ali né?" "Eu" "Meu – ah – você e eu"
"Eu"
esCÂNDALO o que é isso afinal? "Você" "É você mesmo"
"É você né?" "E você" "Não, é você mesmo"
Pois fugi como um animal pois estava todo molhado. Logicamente não havia ninguém que sssooubesse ou estivesse vendo isso mas não sei se é realmente assim se até isso é assim.

시 제 7 호

　구원적거의지의일지　●　일지에피는현화　●　특이한사
월의화초　　삼십륜　●　삼십륜에전후되는양측의명경　●
맹아와같이회회하는지평을향하여금시금시낙탁하는만월
●　청간의기가운데만신창이의만월이의형당하여혼륜하는
●　적거의지를관류하는일봉가신　나는근근히차대하였더
라　●　몽몽한월아　●　정밀을개암하는대기권의요원　●
거대한곤비가운데의일년사월의공동　●　반산전도하는성
좌와성좌의천렬된사호동을포도하는거대한풍설　●　강매
●　혈홍으로염색된암염의분쇄　●　나의뇌를피뢰침삼아침
하반과되는광채임리한망해　●　나는탑배하는독사와같이
지평에식수되어다시는기동할수없었더라　●　천량이올때
까지

POEMA N. 7

Nesta terra de remoto exílio um ramo ● no ramo floresce uma flor brilhante ● peculiar árvore florida de abril ● trinta voltas ● espelho claro nos dois lados pré pós trinta voltas ● a lua cheia que decai agora agora em direção ao horizonte alegrerridente feito um broto novo ● em meio ao ímpeto do riacho límpido do vale a lua cheia toda estropiada que derrui penalizada com o nariz decepado[1] ● uma carta vinda de casa atravessa esta terra de exílio ● eu de mal em mal protegi-me de louvores ● broto da lua esmaecido ● o longínquo da camada atmosférica cobrindo esta quietude ● esta grande caverna oca de um ano e quatro meses em meio à grandiosa miséria ● astros coxeiam tropeçam e por ruelas mortiças de astros milestilhaçados a grandiosa neventania foge ● cai nevasca ● pedrassal tingida de vermelho-sangue pulverizando-se ● com o meu cérebro como pára-raio, restos mortais encharcados de luz transbordantes de luz vão sendo transportados ● eu, uma cobra venenosa em exílio na torre, acabei plantado no horizonte e nunca mais pude mover-me ● até que desça a graça dos céus.

---

1. Uma das penas criminais existentes na Coréia antiga era a de se ter o nariz decepado.

시 제 8 호   해 부

제 1 부 시험   수술대   1
               수은도말평면경   1
               기압   2배의평균기압
               온도   개무

위선마취된정면으로부터입체와입체를위한입체가구비된전부를평면경에영상시킴. 평면경에수은을현재와반대측면에도말이전함. (광선침입방지에주의하여) 서서히마취를해독함. 일축철필과일장백지를지급함.　(시험담임인은피시험인과포옹함을절대기피할것) 순차수술대로부터피시험인을해방함. 익일. 평면경의종축을통과하여평면경을2편에단절함. 수은도말2회.
　ETC아직그만족한결과를수득치못하였음.

제 2 부 시험   직립한평면경   1
               조수   수명

야외의진공을선택함.　위선마취된상지의첨단을경면에부착시킴. 평면경의수은을박락함. 평면경을후퇴시킴. (이때영상된상지는반드시초자를무사통과하겠다는것으로가설) 상지의종단까지. 다음수은도말. (재래면에) 이순간공전과자전으로부터그진공을하차시킴. 완전히2개의상지를접수하기까지. 익일. 초자를전진시킴. 연하여수은주를재래면에도말함 (상지의처분) (혹은멸형)기타. 수은도말면의변경과전진후퇴의중복등.
　　　ETC　　이하미상

POEMA N. 8

DISSECAÇÃO

Exame etapa 1

leito cirúrgico	1
espelho plano revestido de mercúrio	1
pressão atmosférica	o dobro da pressão atmosférica média
temperatura	nada

Começando pela parte frontal pré-anestesiada, projetar no espelho plano o todo provido de tridimensionalidade necessária para a tridimensionalidade e tridimensionalidade. Revestir de mercúrio por transferência o lado oposto do espelho plano e o presente. Desintoxicar da anestesia lentamente (tomando cuidado para prevenir a entrada de luz). Fornecer uma pena monoaxial e uma folha de papel branco (o responsável pelo exame deve evitar absolutamente abraçar-se com o examinado). Em seguida libertar do leito cirúrgico o examinado. Dia seguinte. Partir o espelho plano em dois atravessando-o pelo seu eixo vertical. 2 operações de revestimento com mercúrio. ETC Ainda não se obteve o resultado satisfatório.

Exame etapa 2

espelho plano em pé	1
assistente	alguns

Optar pelo vácuo ao ar livre. Aderir as pontas dos braços pré-anestesiados à superfície do espelho. Exfoliar a camada de mercúrio do espelho plano. Recuar o espelho plano. Até a extremidade dos braços (aqui supõe-se que os braços projetados atravessem o vidro sem qualquer dano). Próxima operação de revestimento com mercúrio (na superfície anterior). Nesse momento desfazer o vácuo a partir de rotação e revolução. Até que os dois braços tenham entrado por completo. Dia seguinte. Avançar o vidro. Em seguida revestir a superfície anterior com parte do mercúrio. (Descartar o braço) (ou destruir de alguma forma) etc. Repetição da mudança da superfície revestida de mercúrio e do avançorecuo etc.

ETC. Sem registro (sem assinatura) posterior.

시 제 9 호 총 구

　매일같이열풍이불더니드디어내허리에큼직한손이와닿는다. 황홀한지문골짜기로땀내가스며드자마자쏘아라. 쏘으리로다.　나는내소화기관에묵직한총신을느끼고내다물은입에매끈매끈한총구를느낀다.　그리더니나는총쏘으드키눈을감으며한방총탄대신에나는참나의입으로무엇을내어배앝었더냐.

POEMA N. 9
A PONTA DO REVÓLVER

For te ven ta ni a to dos os di as e fi nal men te u ma gran de mão as sen ta so bre a mi nha cin tu ra. As sim que o chei ro do meu su or al can çar o ma ra vi lho so va le das im pres sões di gi tais, a ti re! Hei de a ti rar! Sin to o pe so do ca no do re vól ver so bre o meu a pa re lho di ges ti vo e sin to a su per fí cie li sa de sua pon ta den tro da mi nha bo ca cer ra da. Pou co de pois, fe cho os o lhos co mo quem dá um ti ro, mas o que foi is to que cus pi pe la bo ca no lu gar de um pro jé til?

시 제 10 호　나 비

　　그것은유계에낙역되는비밀한통화구다.　　어느날거울가
운데의수염에죽어가는나비를본다.　　날개축처어진나비는
입김에어리는가난한이슬을먹는다.　　통화구를손바닥으로
꼭막으면서내가죽으면앉았다일어서드키나비도날라가리
라. 이런말이결코밖으로새어나가지는않게한다.

POEMA N. 10
A BORBOLETA

No pa pel de pa re de ras ga do ve jo u ma bor bo le ta que a go ni za. A qui lo é u ma a ber tu ra se cre ta por on de o di li gen te trân si to pa ra o ou tro mun do[2] ja mais ces sa. Um di a, ve jo u ma bor bo le ta que a go ni za na bar ba do cen tro do es pe lho. A bor bo le ta de a sas ca í das sem bri o be be um po bre or va lho que se cris ta li za ao meu so pro. Se se tam pas se bem a a ber tu ra com a pal ma da mão e eu mor res se, a bor bo le ta i ri a vo ar co mo quem re pou sa e de pois se le van ta. Tra to de fa zer com que es sas pa la vras ja mais va zem pa ra fo ra.

2. Terminologia budista para o que chamaríamos de "mundo dos mortos", o "mundo de lá", em contraposição ao "mundo de cá", o mundo real dos vivos.

시 제 11 호

　그사기컵은내해골과흡사하다.　　내가그컵을손으로꼭쥐
었을때내팔에서는난데없는팔하나가접목처럼돋히더니그
팔에달린손은그사기컵을번쩍들어마룻바닥에메어부딪는
다.　　내팔은그사기컵을사수하고있으니산산이깨어진것은
그럼그사기컵과흡사한내해골이다.　　가지났던팔은배암과
같이내팔로기어들기전에내팔이혹움직였던들홍수를막은
백지는찢어졌으리라.　　그러나내팔은여전히그사기컵을사
수한다.

POEMA N. 11

A que le co po de ges so se pa re ce com o meu crâ nio. Quan do se gu rei fir me o co po um bra ço bro tou do na da do meu bra ço co mo se fos se um ra mo en xer ta do e a mão que pen dia na pon ta da que le bra ço le van tou bem al to o co po e o a ti rou ao chão. O meu bra ço res guar da da mor te a que le co po e en tão o que se fez em ca cos é o meu crâ nio que se pa re ce com o co po. A in da que o meu bra ço ti ves se se mo vi do an tes que o bra ço ra mi fi ca do vi es se a pe ne trar o meu bra ço co mo u ma co bra o pa pel bran co que re ti nha a en chen te se te ri a ras ga do. Mas o meu bra ço con ti nu a res guar dar da mor te o co po.

시 제 12 호

　때묻은빨래조각이한뭉텅이공중으로날라떨어진다.　그
것은흰비둘기의떼다.　이손바닥만한한조각하늘저편에전
쟁이끝나고평화가왔다는선전이다.　한무더기비둘기의떼
가깃에묻은때를씻는다.　이손바닥만한하늘이편에방망이
로흰비둘기의떼를때려죽이는불결한전쟁이시작된다.　공
기에숯검정이가지저분하게묻으면흰비둘기의떼는또한번
이손바닥만한하늘저편으로날라간다.

POEMA N. 12

Uma pen ca de rou pas su jas vem ca in do do céu. E a qui lo é um ban do de pom bas bran cas. É a no tí cia de que lá no ou tro la do da que le pe da ço de céu do ta ma nho da pal ma des ta mi nha mão a guer ra ter mi nou e a paz che gou. Um ban do de pom bas la va o tis ne im preg na do em su as pe nas. Des se la do do céu do ta ma nho da pal ma des ta mi nha mão i ni ci a se u ma guer ra su ja em que se ma ta a pau la das o ban do de pom bas bran cas. Quan do a fu li gem ne gra do car vão im preg na o ar com man chas de tis ne o ban do de pom bas bran cas mais uma vez voa pa ra o la do de lá do céu do ta ma nho da pal ma des ta mi nha mão.

시 제 13 호

　내팔이면도칼을든채로끊어져떨어졌다.　자세히보면무
엇에몹시위협당하는것처럼새파랗다.　이렇게하여잃어버
린내두개팔을나는촉대세움으로내방안에장식하여놓았다.
팔은죽어서도오히려나에게겁을내이는것만같다.　나는이
런얇다란예의를화초분보다도사랑스레여긴다.

POEMA N. 13

O meu bra ço am pu ta do ca iu ao chão se gu ran do u ma gi le te na mão. O lhan do bem es tá lí vi do co mo se gra ve men te a me a ça do por al gu ma coi sa. Os dois bra ços que per di des ta for ma a go ra de co ram o meu quar to co mo cas ti çais. O bra ço mes mo mor to pa re ce an tes ter me do de mim. A es sa tê nue e ti que ta re ser vo ter nu ra mai or do que a um va so de flo res.

시 제 14 호

고성앞풀밭이있고풀밭위에나는모자를벗어놓았다.   성
위에서나는내기억에쫴무거운돌을매어달아서는내힘과거
리껏팔매질쳤다.   포물선을역행하는역사의슬픈울음소리.
문득성밑내모자곁에한사람의걸인이장승과같이서있는것
을내려다보았다. 걸인은성밑에서오히려내위에있다. 혹은
종합된역사의망령인가.   공중을향하여놓인내모자의깊이
는절박한하늘을부른다.   별안간걸인은율률한풍채를허리
굽혀한개의돌을내모자속에치뜨려넣는다.   나는벌써기절
하였다. 심장이두개골속으로옮겨가는지도가보인다. 싸늘
한손이내이마에닿는다.   내이마에는싸늘한손자욱이낙인
되언제까지지어지지않았다.

POEMA N. 14

Há um gra ma do em fren te ao ve lho cas te lo e so bre es te gra ma do des can so o meu cha péu. Do to po do cas te lo a mar ro u ma pe dra bem pe sa da à mi nha me mó ria e a lan ço a té on de al can ça a dis tân cia da mi nha for ça. Ou ço o cho ro tris te da his tó ria que re tro ce de so bre sua tra je tó ria pa ra bó li ca. Num da do mo men to, ve jo a bai xo um men di go pos ta do ao la do do meu cha péu co mo um guar di ão de pe dra[3]. A in da que lá em bai xo o men di go es tá a ci ma de mim. Ou se rá a al ma e xâ ni me do so ma tó rio da his tó ria? A fun du ra do meu cha péu a ber to em di re ção ao es pa ço in vo ca o céu i mi nen te. Su bi ta men te, o men di go en cur va o seu ar tre me tre men te e jo ga u ma pe dra pa ra den tro do meu cha péu. Eu já des mai ei. Ve jo um ma pa em que o co ra ção se trans la da pa ra den tro do crâ nio. U ma gé li da mão se en cos ta à mi nha testa. Na mi nha tes ta a gé li da mão dei xa a sua mar ca que nun ca mais se a pa gou.

---

3. Em tempos antigos, erigia-se um par de guardiões, de pedra ou de madeira, na entrada das vilas para protegê-las de maus espíritos.

시 제 15 호

1.

　나는거울없는실내에있다.　거울속의나는역시외출중이다. 나는지금거울속의나를무서워하며떨고있다. 거울속의나는어디가서나를어떻게하려는음모를하는중일까.

2.

　죄를품고식은침상에서잤다.　확실한내꿈에나는결석하였고의족을담은군용장화가내꿈의백지를더럽혀놓았다.

3.

나는거울있는실내로몰래들어간다.　나를거울에서해방하려고.　그러나거울속의나는침울한얼굴로동시에꼭들어온다. 거울속의나는내게미안한뜻을전한다. 내가그때문에영어되어있드키그도나때문에영어되어떨고있다.

4.

내가결석한나의꿈. 내위조가등장하지않는내거울. 무능이라도좋은나의고독의갈망자다.　나는드디어거울속의나에게자살을권유하기로결심하였다.　나는그에게시야도없는들창을가리키었다. 그들창은자살만을위한들창이다. 그러나내가자살하지아니하면그가자살할수없음을그는내게가르친다. 거울속의나는불사조에가깝다.

POEMA N. 15

1.

Es tou nu ma sa la sem es pe lho. O eu den tro do es pe lho na tu ral men te deu u ma sa í da. Eu no mo men to es tou tre men do te men do o eu do es pe lho. On de é e o que se rá que o eu den tro do es pe lho es ta ri a tra man do fa zer co mi go?

2.

Dor mi nu ma ca ma fri a a ni nhan do um pe ca do. No meu com cer te za so nho eu não es ta va pre sen te e bo tas mi li ta res con ten do pés pos ti ços dei xa ram su ja a fo lha em bran co do meu so nho.

3.

En tro sor ra tei ra men te na sa la com es pe lho. Pa ra me li ber tar do es pe lho. Mas o eu den tro do es pe lho en tra in fa li vel men te ao mes mo tem po com um sem blan te a fli to. O eu den tro do es pe lho me trans mi te um pe di do de des cul pas. As sim co mo en con tro me en car ce ra do por sua cau sa ele tam bém se en con tra en car ce ra do por mi nha cau sa e tre me.

4.

So nho meu on de es tou au sen te. Es pe lho meu em que o fal so eu não se a pre sen ta. É al guém que an se ia pe la mi nha so li dão mes mo com to da a su a im po tên cia. Eu fi nal men te de ci di per sua dir o eu den tro do es pe lho ao sui cí dio. Mos trei lhe u ma ja ne la sem vis ta ne nhu ma. A que la ja ne la é u ma ja ne la so men te pa ra o sui cí dio. Mas ele me en si na que não po de se sui ci dar se eu não fi zer o mes mo. O eu den tro do es pe lho é qua se u ma Fê nix.

5.

　내왼편가슴심장의위치를방탕금속으로엄폐하고나는거
울속의내왼편가슴을겨누어권총을발사하였다.　탄환은그
의왼편가슴을관통하였으나그의심장은바른편에있다.

6.

　모형심장에서붉은잉크가엎질러졌다.　내가지각한내꿈
에서나는극형을받았다.　내꿈을지배하는자는내가아니다.
악수할수조차없는두사람을봉쇄한기대한죄가있다.

5.

La cro o meu pei to es quer do na re gi ão do co ra ção com um me tal an ti ba la e dou um tiro de re vól ver mi ran do o meu pei to es quer do den tro do es pe lho. A ba la per fu ra o seu pei to es quer do mas o seu co ra ção fi ca do la do di rei to.

6.

U ma tin ta ver me lha ver teu da ma que te do co ra ção. No meu so nho em que com pa re ci a tra sa do fui con de na do à pe na ca pi tal. Não sou eu quem do mi na o meu so nho. E xis te um pe ca do des co mu nal blo que an do os dois que nem se quer po dem se dar um a per to de mãos.

NOTAS

Poema n. 1

As 13 crianças que correm neste poema têm recebido as mais variadas interpretações, das quais podem-se citar: a) paródia aos 13 cristãos presentes na Santa Ceia; b) humanidade em perigo; c) a história da humanidade; d) multidão de pessoas; e) fragmentação do ego do autor; f) 13 heróis da resistência coreana contra a ocupação japonesa; g) metáfora de negação das 12 horas do relógio; h) estrelas; i) 1 e 3 como ícones eróticos masculino e feminino respectivamente. Nenhuma dessas leituras conseguiu, porém, se estabelecer como uma "versão oficial" canonizável.

O pequeno rol acima é suficiente para mostrar o grau de "viagem" a que os críticos se entregaram na tentativa de uma leitura possível para este que é um verdadeiro poema-fetiche na literatura coreana. Entretanto, merece crédito a hipótese de Yi Süng-hun, organizador do volume de poesias das *Obras Completas de Yi Sáng*, segundo a qual as "13 crianças" não devem ser pensadas quanto à sua referencialidade. Segundo ele, leituras forçadas e julgamentos equivocados que compõem esse verdadeiro círculo vicioso interpretativo poderiam ser evitados se se tentasse um descarrilhamento da bitola da semântica referencial.

Para isso, Yi Süng-hun cita o semioticista Yi Ó-ryón[gl] que vê neste poema um universo de abstração matemática, geométrica e lógica, uma vez que tudo parece dizer que não importa o onde, nem o quando, nem o como destas crianças, e muito provavelmente nem o quem. Abstraídas de qualquer elemento indexical, a única qualificação destas crianças é o medo.

---

1. Ex-ministro da cultura, semioticista de grande expressão no campo da cultura e literatura. Explicações complementares na nota 1 da p. 223.

Os poucos elementos indexicais sofrem um processo contínuo de anulamento interno: é a rua fechada que poderia bem ser aberta; corre-se, mas também poderia muito bem não se correr etc. Portanto, "as 13 crianças" não constituem uma simbologia, uma metáfora, muito menos uma alegoria. São antes uma pura abstração matemática[2], puro medo encarnado.

O clima é de morbidez total: o olhar aziago de um corvo, o número 13 do mau agouro, e o medo, e a correria sem sentido fustigada pelo medo[3]. Eis a condição essencial da experiência do existir sob a qual se vive no mundo de Yi Sán[g]. Um medo sem o objeto do medo, uma vez que é o próprio medo a sentir medo.

O narrador não só não participa da experiência como também não move um dedo, não age, não responde e se mantém numa frieza distante de onde tudo vê, sem ser, porém, onisciente. Resta-lhe apenas o relato de um mero espectador, numa abstração intelectualizada – irônica – que se utiliza do tempo verbal no presente do indicativo e enumera as crianças em números ordinais. Aliás, podem-se distinguir dois narradores, o dos olhos do corvo e um outro que fala, dentro do poema, através dos versos entre parênteses, e que se dirige, aparentemente, para o primeiro narrador. Estabelece-se uma nova especularidade, em outro nível, que fecha o poema contra o leitor num autismo do medo. Os narradores se anulam entre si. O narrador se anula. Abstração e distanciamento em relação à condição da existência: o medo[4]. Procurando mostrar um retrato distanciado, ironicamente acaba por exponenciar a pungência do medo.

Tanto a visualidade quanto a sonoridade do poema carregam uma repetição obsessiva, circular, autista, que produz uma ressonância hipnóti-

---

2. Yi Sán[g] escreveu muitos outros poemas tendo como motivo ícones matemáticos.

3. A correria das crianças também tem recebido variadas interpretações: a) a condição humana desde os seus primórdios em direção ao futuro, isto é, a história da humanidade, b) estado extremo de insegurança ou de excitação sexual; c) sensação de perigo do homem moderno; d) ato sexual, na sua forma de penetração e de masturbação; e) fuga daquilo que é medonho; f) heróis da resistência contra a ocupação japonesa. Nenhuma dessas hipóteses foi seriamente considerada na presente análise, pois a imagem de um medo que se debruça sobre si próprio – especularidade – pareceu ser um caminho mais profícuo.

4. No texto *Tédio*, incluído na presente antologia, há uma equação que surpreende a todos: a equação do medo com o tédio como dois fatores mutuamente determinantes. Daí, compreende-se que para o narrador todo aquele pânico lhe causa apenas bocejos de tédio. Esta parece ser, de fato, a ironia máxima na obra de Yi Sán[g].

ca[5], encantatória, que amaldiçoa e que condena as crianças para sempre à tirania do medo. Yi Sün-hun ainda aponta para o fato de que o poema carrega um motivo rítmico próprio do *sijô*[6], forma de poesiacanto da antiga Coréia, ainda que ligeiramente modificado. Segundo ele, esta seria uma das razões pelas quais o poema, com toda a sua hermeticidade, teria conquistado o gosto popular. Com certeza, esta seria uma subversão absolutamente cruel do espírito idílico-epicurista-estóico do *sijô*, e, como veremos, tal derrisão reaparece no Poema n. 7.

Quanto à estrutura, o poema é claramente especular, marca registrada do autor. Note-se que o poema em questão se dobra em duas metades especulares tendo como ponto de transição o verso 16:

As13criançassãosomasódecriançasmedonhasecriançascommedo.

A partir deste verso, que sintomaticamente funde o sujeito e o objeto, os versos subseqüentes tratam de negar (sinal –) tudo o que foi dito anteriormente ao verso 16, exceto a condição do medo:

[verso 1] *13criançascorrempelaestrada*
[verso 23] *Tudobemtambémseas13criançasnãocorrerempelaestrada*

[verso 2] *(Quantoàruaéapropriadaumasemsaída)*
lverso 22] *(Mesmoumaruaabertaseriatambémapropriada)*

[verso 16] *As13criançassãosomasódecriançasmedonhasecriançascommedo*
[verso 17] *(Eraatépreferívelquenãohouvesseoutrosfatores.)*

[verso 18] *Tudobemse1destascriançasforumacriança medonha.*
[verso 21] *Tudobemse1destascriançasforumacriançacommedo.*

5. Seria a sua economia um minimalismo *avant la lettre*?
6. Trata-se de uma composição de três versos, com forte caráter musical-improvisatório, e de tradição eminentemente oral – ou musical. O padrão formal, ainda que bastante elástico, seguia de perto o ritmo característico da fala coreana, com núcleos de três e quatro sílabas alternados, gerando a clássica definição de que o "*sijô* é uma intercalação de breves e longas". Dificuldades de registro fizeram com que o elo musical fosse dando lugar a uma tradição mais poético-verbal, e o *sijô* passou para a história como o trajeto de consolidação da poesia lírica coreana. Para interessados recomenda-se *Sijô: Poesiacanto Coreana Clássica*, traduzido por Yun Jung Im e Alberto Marsicano, São Paulo, Iluminuras, 1994.

[verso 19] *Tudobemse2destascriançasforemcriançasmedonhas.*
[verso 20] *Tudobemse2destascriançasforemcriançascommedo.*

Chega-se ao final do poema com um grande zero na mão e apenas a sensação do... medo. O verso resumidor dessa estranha especularidade é justamente o verso 16. O objeto é o próprio sujeito e vice-versa; o agente é o próprio paciente e vice-versa. É esta especularidade que fecha o círculo e faz dessas crianças seres autistas, para os quais fatores externos como "rua fechada" ou "rua aberta" não fazem diferença. São dependentes e determinantes unicamente entre si: o motivo do medo é porque o outro é medonho e é medonho porque o outro tem medo. Na verdade, "crianças medonhas" e "crianças com medo" são, elas mesmas, imagens especulares umas das outras.

Poema n. 2

Uma das constantes na obra de Yi Sán[g] parece ser, além da especularidade, a exploração de uma certa verticalidade, expressa de diversas maneiras. Neste poema, é visível a verticalidade temporal que se estabelece entre as várias gerações, representadas por seus respectivos pais.

É importante lembrar que a concepção do tempo da cultura coreana se reflete no seu modo de exprimir-se lingüístico: o equivalente à expressão, em língua portuguesa, "recuando-se no tempo" seria, em coreano, "subindo-se no tempo". Por isso o poema diz "saltar por cima do meu pai". Na língua-cultura coreana, não formamos a linha de frente de uma evolução da história que ficou para trás, mas, sim, somos filhos de antepassados[7] que viveram "primeiramente" em relação a nós, que nos deram a vida, que nos passaram seus conhecimentos, e que, portanto, nos são superiores na hierarquia da vida. Tal concepção do tempo, que poderia muito bem ser qualificada de confucionista, é, neste poema, material para investida contra um dos princípios fundantes da cultura coreana Ou seja, ao "subir"

---

7. Note-se que a própria palavra "antepassados" reflete uma concepção evolutiva do tempo.

no tempo, Yi Sán[g] subverte a hierarquia temporal, na necessidade, talvez, de se livrar do peso da tradição que verticalmente pesa sobre ele.

Poema n. 3

Figuram, neste Poema n. 3, três personagens: 1) o que briga; 2) o que não briga; 3) o que não brigava. Está óbvio que os três personagens são instâncias de um mesmo ser, assim como a "briga" e a "não-briga" são também uma condição meramente temporal e modal. Fusão de presente/passado, positivo/negativo, ação/potência. Sim, o poema se estrutura a partir da premissa de que o antônimo de "ação" é "potência", e não "inação", refletindo a concepção oriental do *yin/yang*.

Portanto, a questão abordada no poema é a da metalinguagem, ou, melhor, da impossibilidade dela – novamente o espelho... A metalinguagem não é possível pois ela invariavelmente se coloca perante a uma imagem especular, gerando um conflito insolúvel do sujeito/objeto, fruto da impossibilidade de se objetivizar qualquer objeto que também é sujeito.

Poema n. 4

Várias interpretações foram atribuídas a este poema visual, que só pode ser lido, ou, melhor, visto com a ajuda de um espelho. Iconização da tão cara especularidade em diversas camadas: 1) o próprio poema como uma imagem especular; 2) poema dividido em dois por uma diagonal formando dois triângulos especulares. E há ainda a especularidade apresentada na última linha:

이상 책임의사 이상

Assigna o Médico Responsável Yi Sán[g]

Note-se que no original as duas primeiras letras são idênticas às duas últimas: trata-se de duas palavras homógrafas e homófonas cujos significados são "supra" e "Yi Sán[g]"[8] respectivamente. O médico responsável Yi Sán[g] é, provavelmente, o próprio paciente.

---

8. Sobre o elenco de palavras homófonas de Yi Sán[g], ver Notas Biográficas, p. 197.

Recordando *Espelho*:

O eu den tro do es pe lho é ca nho to
Um ca nho to que não res pon de ao meu a per to de mãos que não co nhe ce o a per to
de mãos
[...]
O eu do es pe lho é bem o o pos to de mim mas tam bém se pa re ce mui to co mi go

É esse par oposto/idêntico mas também reciprocamente intangível que compõe a especularidade médico/paciente, presença (1)/ ausência (0), e tantos outros pares presentes na obra de Yi Sán[g].

As várias interpretações convergem para a inversão de valores, a transgressão da ordem, a negação da racionalidade – representada pela seqüencialidade numérica – bem como a fissura do ego simbolizada pela linha diagonal. Quanto ao par "0:1"[9], também tem-lhe sido atribuído o caráter icônico dos genitais feminino e masculino, além da oposição correlativa inexistência/existência, do limiar vida/morte onde se encontra o paciente.

Poema n. 5

O poema havia sido publicado anteriormente num periódico literário sob o título *Vinte e Dois Anos*, idade de Yi Sán[g] na época, expressão grafada em ideogramas chineses como era de costume:

Título: 二十二年 (2, 10, 2, anos, respectivamente)

Numa interpretação no mínimo caprichosa, Yi Sün[g]-hun[10] postula que o verso "eliminar oantesoatrásadireitaaesquerda" estaria se referindo ao ideograma central 十, correspondente à dezena, tendo sido "eliminados" os ideogramas que vêm "antes" e "depois" (nos dois casos 二, o numeral 2). O numeral 10 que resta é, curiosamente, o símbolo cristão da cruz, e encontramos, de fato, no terceiro verso, "Deus de forma atarraca-

---

9. Mesmo com toda a improbabilidade implicada, é curioso notar que "0:1", o diagnóstico dado pelo médico, é, por sinal, a base da revolução digital. Antecipando-se a ela, Yi Sán[g] já colocava o pensamento digital num leito de morte.

10. Organizador do volume de poesias das *Obras Completas de Yi Sán[g]*.

da". Vale notar que a palavra coreana para "cruz" é literalmente, "letra 10", devido à sua forma: 十.

Assim, eliminam-se tanto os elementos circundantes temporais (antesdepois) quanto os espaciais (direitaesquerda), chegando-se à condição essencial: a figura de um homem crucificado. A partir desse primeiro verso, o poema descreve uma trajetória sempre para baixo, a queda de um anjo impossibilitado de voar.

O segundo verso, grafado em ideogramas chineses, é uma citação paródica de uma passagem do *Livro das Montanhas e das Árvores*, do filósofo chinês Chuang-tse[11] (365-290 a.C.):

翼 股 不 逝　目 大 不 睹
1　2　3　4　　5　6　7　8

1) asa
2) nome de um grande reino na China antiga
3) partícula de negação
4) ir-se; perecer
5) olho
6) grande
7) partícula de negação
8) olhar

A interpretação da passagem acima é: "Aquele que não voa, mesmo com grandes asas, e não vê, mesmo com grandes olhos". A partir desta citação, Yi Sán[g] cria um duplo trocadilho, um a nível sintático e outro a nível morfológico. Sintaticamente, Yi Sán[g] troca os ideogramas (6) e (7), o que resulta num sentido estranho: "o olho não vê grande". A segunda inversão está presente no ideograma "olhar" (8) que aparece grafado como 睹 em Chuang-tse, enquanto Yi Sán[g] o grafa como 覩, dois ideogramas diferentes na grafia porém idênticos no sentido. Note-se que a metade esquerda deste último aparece na metade direita do primeiro como numa imagem especular. Além disso, a metade direita do segundo (見) é uma derivação da metade esquerda do primeiro (目); nestas duas formas, 目 significa "olho" e 見, o "olho" dotado de perninhas, significa a ação do

---

11. Considerado, juntamente com Lao-tse, um dos mestres do taoísmo.

olho, isto é, "olhar". Vislumbra-se aqui a inesperada erudição de Yi Sán[g]. O resultado dessas inversões é: "Sou aquele que não voa mesmo com grandes asas e cujos olhos não vêem grande"[12]. Com isso, Yi Sán[g] resume o "vestígio essencial" que restou dos seus vinte e dois anos de vida após ter eliminado tudo ao seu redor.

Há que ter em mente a expressão *Zanfu* – pronúncia chinesa, *dján[g]bu* na pronúncia coreana –, termo utilizado na medicina oriental. Embora na acupuntura chinesa *Zanfu* seja o termo consagrado, usa-se na Coréia a forma *5-dján[g]-6-bu*, significando *Os Cinco Órgãos Vitais e as Seis Vísceras* que compõem a parte interna do organismo humano[13]. Yi Sán[g] suprime os numerais 5 e 6, deixando apenas *dján[g]bu*, que é homófona da palavra *cavalheiro* ou *varão*. A imagem grotesca de um estábulo submergido – sujo, fedorento – é comparada à imagem escatológica de órgãos e vísceras, de um lado, e ao órgão genital masculino após a relação sexual, do outro: esse o triste e repugnante retrato dos seus 22 anos.

Poema n. 6

Em língua coreana, nomes de pássaro levam o sufixo "sé", que significa pássaro. Da mesma forma, as montanhas levam o sufixo "sán", montanha, e os rios, o sufixo "gán[g]", rio[14]. Assim, "papagaio" seria em coreano "éng-mu-sé". Yi Sán[g], no entanto, suprime o sufixo referente a pássaro e diz "éng-mu", supressão esta que evidencia a comparação estabelecida no poema entre um casal de papagaios e um casal humano. Reforça a comparação ao dizer que o papagaio pertence à família dos mamíferos. Papagaios: uma espécie que, sintomaticamente, se caracteriza pela repetição incompreendida da fala humana. Dois papagaios se limi-

---

12. Obviamente, a segunda inversão comentada não é passível de ser traduzida, já que é intrínseca à grafia ideogrâmica. Haroldo de Campos sugere "E cujos grand'olhos não olham grande" como um equivalente espelhado aproximativo.

13. Os cinco órgãos: fígado, coração, baço, pulmão e rins. As seis vísceras: intestino grosso, intestino delgado, estômago, vesícula biliar, bexiga e triplo aquecedor.

14. Exemplos: respectivamente *tchám-sé* (pássaro pardal), *Nam-sán* (Monte Nam) e *Hángán[g]* (Rio Han).

tam a repetir um ao outro *ad infinitum* frases não-compreendidas e não-compreensíveis: a imagem do relacionamento de um casal humano.

O narrador tem a consciência desse "conhecer sem saber", e não perde a esperança de chegar a um entendimento real; na busca desse entendimento, pergunta ao casal "esta é a esposa de Yi Sán^g"? Mas tal inquisição provoca a ira do papagaio, provavelmente porque desmascara a farsa do casal que se recusa a ver-se como seres humanos, se recusa à metalinguagem. O verso seguinte acena para um duplo sentido da ira: 1) a fúria do papagaio na recusa da metalinguagem; 2) ereção sexual. Na verdade, são dois lados da mesma moeda, na medida em que a negação do entendimento humano é expressa pela afirmação do animalesco, da pura reprodução, da pura repetição. O narrador enrubesce. E, na sua busca da lucidez, é expulso. Antes de se consumar a expulsão, prefere se retirar, envergonhado do escândalo anti-humano. Perde o eixo, cai na errância e chora.

As falas na segunda metade do poema reproduzem o "diálogo" dos dois papagaios em que "eu" é tão-somente "eu" e "você" é tão-somente "você", assim como "ali é ali". Diante disso o narrador se pergunta: "Escândalo, o que é isso afinal?", senão a insistência dos dois papagaios em repetir "é você" e a incapacidade metalingüística de cada um. Então, foge como um animal.

A busca da lucidez representa a terceira voz no poema, a que pergunta, a que enrubesce e a que se põe em fuga. É provavelmente um fragmento de ego do próprio casal, uma parcela sistematicamente banida, sem que nenhuma das outras partes – os dois papagaios – tenha tomado conhecimento dela e de sua malfadada tentativa.

Poema n. 7

Este poema é, sem dúvida, o mais impermeável – praticamente ilegível – de toda a série. Um leitor desavisado desistiria logo diante de tantos ideogramas de raríssimo uso e palavras inventadas pela justaposição de raízes ideogrâmicas.

A fama que alcançaram os poemas n. 1, 2 ou 12 ofusca outros da série, e vários deles não parecem ainda ter merecido um escrutínio de igual empenho. No caso desta composição, até mesmo a interpretação dos ideogramas inusitados encontra-se mal resolvida.

Tentemos visualizar, antes de mais nada, a paisagem descrita no poema: o eu lírico se encontra numa terra de exílio, remota tanto no tempo quanto no espaço, onde contempla um ramo de árvore. É abril, portanto primavera. Na árvore abre-se uma flor – "espelho claro" – que volta a brilhar depois de 30 voltas. Tudo indica que a flor brilhante é a própria lua, que por sua vez declina em direção ao horizonte, enquanto este ri da lua decadente. Há um riacho límpido que corre no vale, mas a imagem refletida nele é uma lua toda estropiada e de nariz decepado – efeito provavelmente devido ao movimento da água. Sobre o riacho uma carta vem voando – como se fosse um pássaro – cortando a paisagem. O eu lírico se recusa a tomar conhecimento – se protege – das notícias externas representadas pela carta. A lua, já na fase de lua nova, mostra-se turva e opaca, mas florescerá após trinta voltas na forma de espelho brilhante, tornando a desmoronar toda estropiada. A camada atmosférica cobre – literalmente "tampa" a paisagem, isto é, oprime, enclausura – a quietude do vale, a tranqüilidade conseguida através do bloqueio das notícias externas. Este isolamento é tão longínquo e remoto quanto a própria espessura da camada atmosférica. Em meio à solidão e ao enclausuramento, o eu lírico sente o vale como apenas uma grande caverna vazia, metáfora da cavidade aberta no pulmão – na verdade, muito mais do que uma metáfora, um verdadeiro jogo de palavras, uma vez que o termo médico para "cavidade no pulmão" significa exatamente, em ideogramas, "caverna vazia"[15] –, onde está metido por um ano e quatro meses. As estrelas se estilhaçam e seus cadáveres se espalham pelas ruelas do céu, por onde uma tempestade de neve se abate com a fúria de quem foge de algo. Mas a nevasca que cai é vermelha: são pedras de sal esfareladas, tingidas de vermelho, do sangue dos astros esgarçados e sal das lágrimas de sangue. As pedras de sal estilhaçadas evocam estrelas esfareladas que vertem luz. Os "restos mortais que vertem luz" evocam raios que atravessam o cérebro do eu lírico e se extinguem terra abaixo. Assim, o eu lírico acaba "plantado" – como um

---

15. Alusão autobiográfica à doença pulmonar do poeta. Quanto ao jogo de palavras, ocorre algo semelhante em português: o termo "caverna" pode, em fisiologia, designar "cavidade anormal nos pulmões" (*Dicionário Caldas Aulete*).

pára-raio – na terra do exílio, como uma cobra vertical que destila veneno dos restos mortais em sua torre. Não mais se move. Até que a graça dos céus venha acudi-lo. Quase nada é compreensível, além do fato de que o eu lírico sofre de uma cavidade no pulmão e que vive o seu exílio num vale. Entretando, um projeto de leitura parece viável quando se tem em mente o *sijô*[16], já citado nas notas do Poema n. 1.

Uma das temáticas mais importantes do *sijô* é o retiro, voluntário ou forçado[17], mas que sempre resulta em prazer epicurista. Alguns dos motivos mais caros a essa temática são: a lua clara e o luar prateado, o riacho que corre no vale, a lua brilhante refletida no riacho, gaivotas esvoaçantes sobre o riacho, o silêncio e a tranqüilidade da paisagem, a ode ao retiro, a árvore *danpun*[g], que dá folhas vermelhas no outono, montanhas rochosas tingidas de vermelho do *danpun*[g], a paisagem de neve, a paisagem nevada noturna, flores de neve nos galhos, a vida em exílio de políticos inocentes banidos devido à sua retidão ou em conseqüência de intrigas etc.

Isto posto, vê-se que são precisamente estes os elementos escolhidos pelo autor para exercitar o seu virtuosismo subversivo. Investe com a sua língua ferina contra aquilo que é considerado o manancial da lírica tradicional, transformando a paisagem bucólica, quase transcendental, de contemplação epicurista tão cara ao *sijô* em uma paisagem surreal e sinistra. Nesta ironização levada às últimas conseqüências, ouvem-se fortemente ecos de *sijôs* canônicos e modelares, impiedosamente deturpados. A título de confrontação, seguem-se alguns exemplos:

Na Ilha de Hansan / sob lua clara / sento-me sozinho / na torre de guarda
Suspiro /fundo /Na bainha /a grande espada

16. Expressão poética por excelência da Dinastia Yi (1392-1910), o *sijô* (ver nota 6, p. 169) é fortemente marcado pela filosofia confucionista – leia-se antibudista –, em que a ética e a moral aparecem como imperativos categóricos de conduta. Não sendo uma religião, mas uma doutrina moral que tinha, fundamentalmente, o objetivo de construir uma sociedade livre de conflitos, o confucionismo se baseia em conceitos como a fidelidade, o recato, o acatamento, enfim, valores ético-morais altamente conservadores. Por outro lado, elementos da filosofia taoísta contrabalanceavam tal rigidez, através de toques epicuristas e estóicos.

17. Era comum na Dinastia Yi o exílio – voluntário ou não – de homens públicos não-compactuantes com as disputas políticas que acabaram por marcar a referida dinastia.

O som de uma flauta distante / me aflige / o coração

(Yi Sun-shin)

A lua branca / dispersa as nuvens / suspensa sobre / o cimo do pinheiro
Sua luz / iridescente / prateia / o riacho verde
Como se fosse por encanto / gaivotas surgem / e me seguem

(Yu Ja-shin)

Nuvens brancas / águas azuis / incrustadas / nos vales
Danpun[g] pleno de vermelho / ao vento de outono: /flor mais bela / que flor
de primavera
O deus celestial compôs para mim / a luz e o matiz / destas montanhas

(An Min-Yón[g]*)*

A lua brilha / no céu claro / depois da neve / da noite passada
A lua / depois da neve / é sempre / muito clara
Somente as nuvens nos confins do céu / vão / e vêm

(Shin Hüm)

A montanha de outono / ao por do sol / tinge de vermelho / o espelho d'água
Sento-me / no barco / com a vara / de bambu
O deus celestial, vendo-me tão tranqüilo, / até me ofertou / a lua branca

(Yu Ja-shin)

Cai neve / sobre o pinheiro / Flores de neve / brotam de cada galho
Colherei / uma delas / para enviar / ao meu amado
O que importa que a flor derreta? / Que seja depois / que ele a veja

(Jón[g] *Tchór)*

Plantei um pé / de paulônia / para ver uma fênix / pousar em seus galhos
Talvez porque sou / um simples mortal / a minha espera / foi vã
À noite somente um naco de lua clara / vem pousar / no galho desnudo

(Anônimo)

A neve cobre / todos os montes / Céu e terra / um só matiz
Reinos de alvo jade / ou de lápis-lazúli / superariam / esta paisagem?
Flores de neve irrompem nos galhos / e parece que vi / a primavera!

(Yi Jón[g]*-bo)*

Neste vale / junto ao rio / quebro pedras / faço uma casa
Aro a terra / à luz do luar / e me deito / nas montanhas
O céu e a terra me chamam e dizem: / "Envelheçamos / juntos!"

(Anônimo)

Assim, a "flor brilhante florescida no ramo", bem como a "flor peculiar de abril" e o "espelho brilhante" representam, à luz do espírito de *sijô*, a própria lua, a mesma lua que depois é descrita como "estropiada", "penalizada com o nariz decepado", "decadente" e "esmaecida"! Temos a lua turva no lugar de lua clara, o luar fosco em vez do luar iridescente.

O exílio que em *sijô* era um lugar de contemplação e desfrute da fuga do abjeto mundo mundano encontra aqui a sua versão maldita: é um lugar de fome, frio e miséria, de onde se destila veneno. No lugar do vermelho de *danpun*[g], tem-se o vermelho do sangue de estrelas esgarçadas; o silêncio e a tranqüilidade são resultado da opressão física exercida pela camada atmosférica; em vez de gaivotas sobre o riacho, temos uma carta que perfura a paisagem; uma rocha salino-lacrimosa tingida de vermelho-sangue se estilhaça...; o vale é apenas uma gigantesca caverna vazia...; em vez de brisa temos o vento áspero da nevasca...; uma lua estropiada de nariz decepado... Enfim, não é de estranhar a comparação comumente feita entre a obra de Yi Sán[g] e a do surrealista Dali.

O mais importante, porém, é que, através da ironização do *sijô*, Yi Sán[g] chega invariavelmente ao lugar obsessivo onde reside o cerne de sua obra: a sensação de paralisia mesclada à de terror, de opressão e impotência.

O poema também tem sido interpretado como uma alegoria aos tempos sinistros da ocupação japonesa. É inegável que tal contexto histórico tenha produzido poetas acometidos por uma espécie de *spleen* romântico, doentio e escapista, por uma sensação de mundo dilacerado. É, no entanto, discutível se Yi Sán[g] teria tido a intenção consciente desse implícito engajamento.

Poema n. 8

Esta composição trata da dualidade reflexão/refração, transparência/opacidade, vidro/espelho. O mercúrio é o mediador dessa duplicidade. O ato de projetar a imagem de um objeto no espelho – a metalinguagem – é descrito como operação de dissecação. É irônico que o elemento químico capaz de permitir o ato de olhar-se seja uma das substâncias mais tóxicas ao corpo humano, o mercúrio, cuja propriedade inexorável reside também no fato de que, uma vez introduzido no organismo, jamais é expelido. Ver-se, ato tão violento e lacinante quanto inútil: eis como se revelará. Mais uma vez, Yi Sán[g] disseca a impossibilidade/inutilidade de se olhar no espelho e a tragédia venenosa da autoconsciência. Para que seja possível um conhecimento de si próprio, é preciso que o eu a ser projetado esteja imóvel e anestesiado, quase como uma premonição ao Princípio da Incerteza...

Vejamos agora as etapas do exame descritas no poema. Existe algo chamado no início de "o todo", tridimensional, isto é, um objeto real, que será projetado no espelho bidimensional. Começa-se pela parte frontal (devidamente pré-anestesiada), mas o objetivo é de se ter, ao final, a varredura completa da figura. O verso seguinte parece descrever o aprisionamento da imagem dentro do espelho, através da operação de revestimento com mercúrio dos dois lados do vidro. Uma vez captada e congelada a imagem, o corpo é lentamente desanestesiado, evitando-se a entrada de luz. A presença desta traria à tona a faculdade do espelho de refletir, o que provocaria o ato de ver-se, insuportável quando não se está anestesiado. São fornecidas uma caneta e uma folha de papel para que o examinador possa fazer as anotações sobre a imagem aprisionada no espelho. Neste momento, é vedado ao examinador abraçar o examinado, tal como na relação entre o eu próprio e o eu do espelho, já comentada nas notas ao Poema n. 4, à luz do poema-exegese *Espelho*. O tema do confronto sujeito/objeto é explorado aqui de forma mais contundente. A cisão sujeito/objeto é a mesma do eu/eu do espelho, ou seja, a fissura da autoconsciência. O examinado é liberado do leito. No dia seguinte, sem a presença do examinado, o espelho é partido ao meio. Isto parece dizer que a imagem aprisionada no espelho é também cindida ao meio – em duas folhas –, caracterizando a operação de dissecação. Agora, temos duas imagens, que são novamente aprisionadas por duas operações de revestimento com o mercúrio. Por "ETC" presume-se que tal experimento foi realizado mais vezes, em movimento de varredura, assim como é feito hoje no exame de tomografia. No entanto, não se obtêm resultados satisfatórios.

Na segunda etapa do exame, é utilizado o espelho em posição vertical, e intervêm alguns ajudantes. A operação exige maior mão-de-obra, pois é realizada num ambiente externo. Esse ambiente exterior é descrito como um "vácuo", enquanto que na primeira etapa, no ambiente fechado, a pressão atmosférica era o dobro da normal. A "extremidade do braço" é apenas uma forma mais pretensamente científica de dizer "mãos". As mãos são grudadas no espelho e, em seguida, o mercúrio é exfoliado para que a superfície espelhada transforme-se em simples vidro, uma vez que o contato direto do objeto com a sua imagem especular é letal. O espelho recua, isto é, o corpo – com os braços estendidos para a frente – é atravessado pelo vidro, até que este chegue à altura do ombro, certificando-se de que os braços não sejam destruídos nesta operação; isto é possível somente porque agora se tem apenas o vidro destituído da capacidade de espelhar, de dissecar, de destruir, enfim. O vidro, tendo atravessado o corpo todo, é transformado novamente em espelho. O vácuo, então, é desfeito, e os dois braços, que estavam projetados para a frente, agora pendem para a posição vertical. Neste momento, tem-se o corpo praticamente incorporado ao espelho. No dia seguinte, o espelho volta à posição anterior, atravessando novamente os braços, só que desta vez na condição mesma de espelho, motivo pelo qual os braços são inutilizados e descartados após a operação. Nova etapa de revestimento com mercúrio, aprisionando a imagem. Os braços são descartados ou eliminados. Repete-se a operação de avanço e recuo do espelho. Não se sabe do desenvolvimento ulterior.

Na primeira etapa ocorre a projeção externa da imagem: o objeto é refletido de várias direções, levando a uma reconstrução da imagem tridimensional, sem que se tenham obtido resultados satisfatórios. Na segunda, realiza-se uma varredura "tomográfica", sem obter registros sobre o desenvolvimento ulterior. No final das contas, não se chega a lugar nenhum. A tentativa do autor de buscar respostas às suas inquietações também não encontra resposta através deste procedimento "científico". O poema encerra ainda um outro nível de ironia: tratava-se de uma época de inebriação coletiva diante da torrente da cultura ocidental, quando tudo o que se relacionava com o Ocidente, principalmente a ciência, era considerado o supra-sumo da modernização.

Poema n. 9   A Ponta do Revólver

Poema praticamente explícito em seu conteúdo masturbatório e de relação narcísica consigo mesmo – "a ponta do revólver" sentida dentro de sua boca. Vale notar que "deixar marcas digitais" é metáfora recorrente na obra de Yi Sán^g para o contato sexual.

No entanto, o que chama a atenção é o fato de o eu lírico encarnar-se no próprio pênis. Esse eu lírico, porém, não cumpre a condição de sujeito: mostra-se o oposto de algo dotado de vontade própria. Este eu-pênis está sujeito ao fator biológico, descrito como "forte ventania diária"; e há uma voz – provavelmente também biológica – que lhe ordena: "atire"; e a sensação – passiva – de um revólver instalado dentro de si. Um sujeito poético que se sujeita, que se coloca como um objeto.

Outro ponto interessante é que a metáfora do revólver, semelhanças físicas à parte, é reveladoramente subversiva: o órgão reprodutor é equacionado a um instrumento destinado a provocar morte. A reunião paradoxal do instinto de vida com o de morte sugere um órgão reprodutor que reproduz, de geração em geração, uma espécie chamada morte. Daí um eu lírico que não reconhece o material de vida cuspida de sua boca. A vida lhe é estranha. Natural, pois se está falando de um processo masturbatório, em que não há a intenção de gerar vida.

Poema n. 10   A Borboleta

Mais uma imagem *à la* Dali. A borboleta aqui descreve o bigode[18]. Portanto, o "papel de parede rasgado" é o próprio rosto, e o "espelho", provavelmente os olhos. Nesse rosto refratário e em ruínas, há dois orifícios, o nariz e a boca, responsáveis pelo trânsito entre o mundo exterior e o interior (o "outro mundo" aqui é, no original, um termo do jargão budista que designa o reino da morte). Se o trânsito entre os dois mundos, exterior/interior, vida/morte, é a garantia de se estar vivo, é, ao mesmo tempo, o motivo da agonia no limiar da morte.

A borboleta pousa nessa faixa de trânsito e experimenta o paradoxo da vida como morte prolongada. Bebe o pobre orvalho, o sopro (a vida) agonizante (a morte) do sujeito. À morte do sujeito corresponderia o vôo vital da borboleta, separação esta que seria a resolução do paradoxo. Mas

---

18. A metaforização do bigode em termos de uma borboleta pendurada debaixo do nariz aparece também no *Conto de Encontro e Despedida*, presente nesta antologia.

isto jamais acontece, pois a borboleta, como o pênis no poema anterior, é um ser passivo. O sujeito lhe vela a revelação, a consciência de que é possível sair voando, e mantém a tirania desse equilíbrio tênue, como talvez a última e a única fronteira que lhe resta.

Poeman. 11

Existe aqui o confronto entre o braço real que segura um copo de gesso e um segundo braço, o do plano metafórico, que brota a partir do primeiro; entre o copo real e a metáfora do crânio. O primeiro braço (real) guarda com unhas e dentes o copo, mas o segundo atira o copo – o crânio – ao chão. Dois braços com movimentos opostos de resguardar/espatifar, proteger/destruir, a imagem do confronto entre o instinto de preservação e o de destruição. O braço metafórico é uma cobra venenosa, o mesmo e já conhecido veneno metalingüístico.

O braço real continua a guardar o copo enquanto que no plano metafórico a morte – ou o suicídio – já se processou. Pendura-se como um afogado ao copo, um invólucro vazio de conteúdo.

Poeman. 12

Metáfora construída a partir de uma paisagem tradicional coreana, em que mulheres lavam roupas à beira do riacho, batendo-as com um bastão semelhante ao de beisebol.

Aparentemente, as roupas são lavadas no outro lado do céu, sem que fiquem totalmente limpas, e são jorradas para este lado do céu, numa equação metafórica contundente entre o monte de roupas sujas e um bando de pombos em queda. Existe um jogo de palavras no original em que são paralelizadas a palavra *té* (tisne) e *tê* (bando), que resulta na construção cruzada de "bando/manchado de tisne".

Os pombos manchados de tisne caindo do céu são restos de uma guerra "suja" que terminou no outro lado do céu. Isto é, pombos brancos, símbolos de paz, são justamente aquilo que é jorrado para fora com a chegada da paz. São receptáculos da sujeira – das manchas de tisne da guerra – que tentam limpar-se neste lado do céu, mas que são impedidos de fazê-lo, transformando-se logo em objeto de uma nova guerra produtora de sujeira. Em vez de sangue, temos a fuligem negra que impregna o ar, e os pombos são obrigados, mais uma vez, a despencar, como uma trouxa de roupas sujas, no outro lado do céu.

A expressão "céu do tamanho da palma desta minha mão" também faz lembrar alguém que tenta limpar as mãos, esfregando as duas palmas uma contra a outra, enquanto a sujeira somente muda de lado.

O lado de cá e o lado de lá do céu são dois lados especulares. Quando a guerra de lá termina e o bando de pombos jorra para cá, começa uma guerra do lado de cá em que se mata o bando de pombos a pauladas (roupas lavadas a golpes de bastão). Mas a lavagem só produz fuligem negra. Os pombos carregam a sujeira de um céu a outro, continuamente provocando guerras produtoras de fuligem negra.

Poema n. 13

O poema inicia com uma imagem suicida: um braço que corta a si próprio. Motivo: o medo. A capacidade de se suicidar – representada pela figura da gilete – é provavelmente a única luz que resta, pois os braços cortados são dispostos como castiçais, com duas mãos que seguram a vela e, na sua ponta, a luz.

No entanto, o braço, que preferiu a morte ao medo, ainda teme o sujeito. Um medo que não perece nem com a morte. A tênue etiqueta seria o companheirismo do medo? Ou será a gentileza do tiro de misericórdia? Dois braços destituídos de sua utilidade passam a ser objeto de decoração, ostentando a luz – lâmina – da salvação, a morte.

Poema n. 14

O chapéu é a metaforização da mente e da consciência. O sujeito larga a sua consciência no gramado e lança a sua memória para longe, numa tentativa de apagar a própria história. Mas, ao fazê-lo, a história descreve uma trajetória de marcha à ré e se personifica na figura do mendigo. A alma-somatório de sua história – feita só de lágrimas – é, em resumo, um espírito mendicante, que guarda a sua consciência como um guardião inamovível. O eu lírico tenta libertar-se desse guardião, que lhe é superior e tem o poder de não o deixar.

A consciência – o chapéu –, então, invoca o céu que parece estar bem perto. É a tentativa de alçar vôo, para longe do guardião mendicante, para a liberdade, enfim. No entanto, o que recebe em troca desse esforço é uma pedra que prende ao chão irremediavelmente essa consciência-chapéu. Por isso, o "eu" desmaia, perde a consciência, pois uma consciência não-livre é uma consciência morta.

A morte da consciência é descrita como um processo pelo qual se racionaliza o domínio da emoção: *Vejo um mapa em que o coração se translada para dentro do crânio*. E, finalmente, uma mão gelada marca a sua testa irreversivelmente, fazendo do "eu" (o poeta) um ser cerebral, não-livre, racional.

O guardião de pedra – alma-somatório de sua história – também pode ser interpretado como representante da história supra-individual, da tradição e memória coletivas. Nessa linha de pensamento, é a história coletiva coreana que estaria sendo personificada na figura do espírito mendicante.

Poema n. 15

Mais uma vez, o espelho domina a cena. A relação trágica entre o eu e o eu do espelho encontra formulação definitiva: o medo. Vale novamente recordar o poema *Espelho*:

Eu não con si go to car o eu do es pe lho por cau sa do es pe lho
Mas se não fos se pe lo es pe lho co mo eu te ri a ao me nos co nhe ci do o o eu do es pe lho?

1

A trágica relação entre o sujeito e o familiar-desconhecido chamado o "eu dentro do espelho", tema obsessivamente recorrente em Yi Sán[g], é focado, como ficou dito, sob o ângulo do medo. Os dois não podem se tocar, se temem, mas dependem um do outro. A presença da imagem do espelho, a autoconsciência, é aterradora e letal, mas a sua ausência não aplaca o pânico, e chama um outro temor, o de que o eu do espelho, implacável, virá ao meu encontro.

As interpretações tradicionais desta seção do poema ressaltam a confrontação entre fragmentos do ego, a divisão entre o eu real e o eu ideal, entre o eu essencial e o eu não-essencial.

2

O verbo traduzido por "aninhar" possui duas acepções na língua coreana: pode ser tanto "abraçar" quanto "abarcar internamente". Assim, o pecado pode ser tanto um objeto que o eu lírico abraça fisicamente, quanto um pensamento que "incuba" dentro de si.

A companheira de cama é o pecado, o pecado da autoconsciência. Por isso, é um abraço que não acalenta, não aquece e, o pior, faz com que o eu esteja ausente do sonho, e o sonho no poema nada mais é do que a imagem especular da realidade. Um sonho em que a minha consciência não se apresenta é um mundo em que a minha atividade consciente cessou. Impedido de andar com os próprios pés, pés postiços vagam por meus sonhos e os maculam.

Existem outras interpretações levantadas para a imagem da bota contendo um pé postiço. Uma delas, por exemplo, diz que o eu lírico dorme desejando sexo e tem um sonho erótico. Assim, o pé representaria o órgão sexual masculino, postiço, pois não se trata de um ato sexual propriamente dito, e acaba sujando a cama do sonho com o líquido seminal. Uma outra versão sustenta a hipótese da punição por dormir abraçado ao pecado. Neste caso, o "postiço" seria uma metáfora para limitações socioculturais.

Pode-se citar uma terceira leitura no qual o pé postiço seria uma metonímia do eu que está ausente. Neste caso, é o eu do espelho que invade até mesmo o mundo dos sonhos e perturba o sono. Uma quarta versão diz que, na ausência de um eu consciente no sonho, uma bota militar contendo um pé postiço, isto é, um falso eu, toma a cena.

Parece válida, porém, a idéia de que o sonho é, como foi dito, a imagem especular da realidade. No mundo real dorme-se abraçado ao pecado enquanto que no sonho uma bota abraça um pé postiço. O "postiço" é o "pecado". Vale notar também que o eu lírico sonha que o falso eu está ausente.

3

Numa tentativa de se livrar da situação de estar numa sala sem espelho e faltar no sonho, o eu lírico entra furtivamente numa sala com espelho. Mas logo se dá conta da impossibilidade da mútua libertação. Pedem-se desculpas mutuamente. Tremem e temem-se mutuamente. Um misto de sentimento de culpa, de medo e de desesperança marca a relação dos dois. A autoconsciência, representada pelo eu do espelho, sente culpa de sua própria existência.

4

O espelho tem a faculdade de mostrar o eu sem falsidade, mas esta autoconsciência nua e crua é letal. Por isso, mesmo que eu seja um total impotente sem ela, prefiro estar sozinho a tolerar essa convivência insuportável. O eu lírico entende que a ausência da metalinguagem pode lançá-lo na total impotência, mas, não fosse por essa ausência, a dor seria ainda maior. E, emaranhado entre a dor da impotência e a dor da metalinguagem, resolve dar um fim nessa dolorosa ligação com a autoconsciência, propondo-lhe suicídio. Mostra-lhe uma janelinha, uma janelinha sem vista, a janelinha da cegueira, que acredita poder salvá-lo.

Mas tal solução, sabe-se, é inviável. Há a implacável Fênix, e a luz no fim do túnel – o suicídio, representado pela gilete do Poema n. 13 – nada pode fazer diante de um pássaro da agonia que continuamente renasce, um renascimento incessante da morte.

5

Nova tentativa. Desta vez, a de matar o eu do espelho com arma de fogo. Tem-se o cuidado de proteger o peito com um metal antibala. Mas a imagem especular é o oposto da real e a tentativa é mais uma vez frustrada. O espelho é venenoso naquilo que tem de idêntico ao real, mas está fora de alcance do eu por ser ao mesmo tempo o oposto dele.

6

O coração postiço de um falso eu verte um sangue falso e morre. Resta o verdadeiro eu, que agora, finalmente, consegue chegar ao sonho, ainda que atrasado. Os dois eus podem, por fim, encontrar-se. Mas o eu real (verdadeiro) é condenado à morte. O reino dos sonhos é dominado por um ser chamado pecado – o espelho – que bloqueia a possibilidade do encontro. Esse encontro fatal é igual à pena capital. São dois seres que não conseguem se dar as mãos e nem se podem eliminar.

A palavra "bloqueio" utilizada aqui tem forte caráter militar, ecoando a expressão "botas militares" do fragmento 2. Por isso, a interpretação que atribui um sentido histórico – a ocupação japonesa – ao poema não deixa de encontrar respaldo. Porém, parece-me mais consoante com a poética do autor a idéia da ditadura do espelho.

Pela primeira vez, Yi Sán[g] se refere à palavra "pecado", a mesma que aparece no fragmento 2. Enfim, a tragédia da cisão é resultado deste pecado e pode ser lida como uma reescritura pessoal do mito bíblico. Pode-se dizer que Yi Sán[g] passou a vida à busca da redenção dessa "culpa" kafkiana.

Ilustração do autor para o conto *Um Dia na Vida do Romancista Kubô*, do amigo Ba[k] Te-wón, estampado quase na mesma época da publicação do *Olho-de-Corvo* no mesmo jornal.

Ilustração do autor para *Asas* publicado no periódico *Jo-gwan*ᵍ (09/36).

À esquerda Yi Sánᵍ, e no centro, Baᵏ Te-wón.

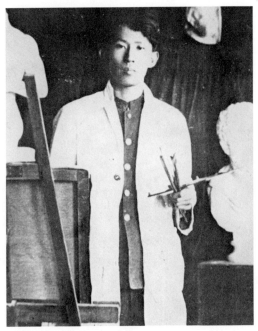

Jovem Yi Sánᵍ aspirante a pintor.

Uma ilustração do autor publicada no diário *Jo-són-junᵍ-Anᵍ* (08/09/34).

SEGUNDA · PARTE

A
V
I
D
A

D
E

• YI • SÁN ᴳ •

NOTAS BIOGRÁFICAS

Yi Sán[g] nasceu em 1910, em Seul, como filho mais velho de uma tradicional família já arruinada, em meio à confusa soleira que marcou o início da Coréia moderna[1]. Soleira sim, já que o país literalmente tropeçou nesta passagem, caindo sob o domínio japonês (1910-1945) precisamente no ano de seu nascimento. O poeta jamais conheceu a Coréia livre, e a sua breve vida de 27 anos foi praticamente encerrada num quarto de prisão em Tóquio, entre torturas e vômitos de sangue. Fatos emblemáticos que simbolizam a sua consciência de aprisionamento, de onde provém, possivelmente, a adoção do nome Yi Sán[g].

Seu nome de nascença, Kim Hé-kyón[g], cujo significado traz idéias de "vastidão do mar" e "alto posto", fora dado pelo tio, irmão mais velho de seu pai, no desejo de que o sobrinho viesse a ser "uma grandiosa obra a reinar sobre a vastidão do mar". Tal louvável nome foi rejeitado sem concessões aos 23 anos, sendo substituído por um novo nome e, sem concessões mesmo, por um novo sobrenome. Talvez o poeta quisesse se desvencilhar do sobrenome Kim, que significa "ouro" ou "dinheiro", nada condizente com a sua famosa penúria. Passou a se chamar Yi Sán[g], que, quando escrito em coreano – 이 상 – sem a sua contrapartida ideogrâmica[2], é homógrafo e homófono de palavras empregadas para significar coisas das mais disparatadas, das quais são listadas a seguir as mais utilizadas. Note-se, porém, que, embora as contrapartidas em ideogramas chineses difiram,

---

1. É preciso especificar o conceito de "moderno" utilizado neste volume. A Coréia moderna se inicia no final do século passado, passando da abertura dos portos (1878) à queda da Dinastia Yi de 500 anos, à instalação e derrocada do malfadado Império, até a dominação pelos japoneses em 1910. A "modernidade" em questão designa, em resumo, o processo de rápida "ocidentalização" da Coréia.

2. Sobre a relação entre a grafia coreana e os ideogramas chineses ver Apêndice.

todas as opções abaixo são grafadas e lidas da mesma forma em coreano, Yi Sán[g]:

a) Contrapartida em ideogramas 異象: forma estranha, fenômeno peculiar.

b) Contrapartida em ideogramas 異相: tudo aquilo que é diferente do ordinário em termos de forma/figura.

c) Quando grafado 異狀: anormal, estranho, acidental, mudança, desarranjo, fora de ordem, distúrbio, enfim, tudo aquilo que foge de uma situação usual.

d) Quando grafado 異常: estranho, esquisito, ímpar, inusitado, incomum, duvidoso, suspeito, peculiar, engraçado, adverso, excepcional (como quando falamos de pessoas com deficiência mental).

e) Quando grafado 以上, forma bastante utilizada pelo autor, disseminada por sua obra, significa literalmente "daqui para cima". A expressão é utilizada em diversas situações:

e.1 – aquilo que ultrapassa um certo limite em quantidade ou grau: mais do que, acima de, além de etc. Exemplos: "crianças acima de 10 anos"; "esperar mais de 3 horas"; "viver acima de seus limites financeiros"; "além da imaginação"; "acima da expectativa"; "nada mais a dizer".

e.2 – já que, agora que, como etc. Exemplos: "já que a coisa chegou a esse ponto"; "uma vez prometido, deve-se cumprir"; "agora que estou aqui"; "enquanto vivermos, teremos de trabalhar".

e.3 – aquilo que está acima, em termos de posicionamento. Exemplos: "o que foi dito acima"; "como mencionado acima".

e.4 – usado para concluir cartas, memorandos, recados, ordens, com o significado de "nada mais" (isto é, "nada mais além do que está acima") ou "sem mais".

f) Quando grafado 理想, tem o significado de ideal, perfeição. Exemplos: "perseguir um ideal"; "pai ideal"; "o confronto entre o ideal e o real"; "idealista".

g) Por fim, quando grafado 移相, designa a operação de "mudança de pólos" da voltagem ou corrente elétrica.

Entretanto, Yi Sán[g] foi ainda mais longe na brincadeira, grafando o seu nome 李箱[3] em ideogramas, isto é, nenhum dos casos anteriores: o

---

3. Reitero que todos os casos citados, inclusive esta grafia adotada por Yi Sán[g], são

primeiro ideograma 李, que originalmente designava fruto de uma árvore, hoje é apenas utilizado para grafar o sobrenome Yi, o sobrenome coreano mais comum depois de Kim; o segundo ideograma – 箱 – é um dos raríssimos casos de ideograma que apresenta uso único, correspondendo à palavra "caixa". Conclusão, o seu nome daria qualquer coisa como "Sr. Caixa da Silva".

Trata-se de uma radical subversão cultural, uma vez que o nome pessoal foi sempre tido como depositário de um "significado profundo" que os pais conferem aos filhos. Yi Sán[g] não só ironiza a busca tradicional do significado sublime nos nomes como também a prática dos nomes de guerra. Estes, na praxe coreana, não são de competência dos usuários, mas, sim, "presenteados" geralmente pelos mestres aos discípulos, ou por amigos. Mas quem daria um nome desses ao discípulo ou amigo?

Entretanto, tudo isso são apenas elucubrações de crítico literário, pois, segundo ele próprio, tal nome vem do seu tempo de projetista. Conta ele que os encarregados japoneses nas construções deveriam chamá-lo "Kin sán"[4], uma vez que o seu sobrenome era Kim, mas, por motivos ignorados, eles o haviam chamado de "Yi sán", erro ao qual teria acatado.

Aos dois anos, Yi Sán[g] foi adotado pelo tio paterno, o mais velho dos irmãos, com quem morou até o seu falecimento, isto é, até os seus 27 anos. Acredita-se que a declaração "durante esse tempo, fechei o prólogo da minha personalidade" (em *Registro de Pânico*) se refira à escuridão de sua infância concentrada na figura da tia. Esta tinha um filho do casamento anterior e a presença de Yi Sán[g] era não só secundária mas também indesejada diante da franca predileção do marido pelo sobrinho tornado filho, que exibia precoce inteligência. Tal afeição foi sempre correspondida por Yi Sán[g], que sempre teve pelo tio incondicional admiração.

---

homófonos e homógrafos em língua coreana, que é alfabética, sendo lidos como Yi Sán[g] e grafados 이 상.

4. "Kin *sán*" é mais ou menos como os japoneses pronunciariam o vocativo para alguém com sobrenome Kim. O sufixo *sán* em japonês é desinência de tratamento social, de uso muito vasto, que substitui "senhor", "senhora", "senhorita" e muitas outras categorias. A pronúncia em japonês para *sán* é mais ou menos a mesma para "sán[g]" na romanização coreana.

Além dos ciúmes da tia e das brigas com o filho desta, havia na sua infância um tabu: o trato ocasional com os pais verdadeiros, ignorantes, paupérrimos e desprezados – com os quais passaria a morar somente aos 23 anos, já na condição de esteio da família – que não era bem visto pelo tio, com medo de que Yi Sán^g se afeiçoasse demais à sua verdadeira família.

Em sua infância, fora, como dizem os coreanos, "inseto de livro". Também escrevia muito e desenhava muito, sendo o desenho a sua verdadeira aspiração, que foi obrigado a abandonar, sob rogos do tio, por uma profissão mais promissora, a de projetista.

Tendo terminado o ginasial aos 16 anos em meio a muita pobreza – que o obrigava a vender pão integral na hora do recreio para pagar os estudos – ingressaria, em seguida, no Colégio Técnico Kyón^g-Són^g de Arquitetura, formando-se aos 19 anos. Graduando-se como projetista, empregou-se na Administração Central de Josón[5] – órgão máximo de administração japonesa sobre a Coréia na época –, graças ao tio que trabalhava naquela instituição. Ali, fez parte do projeto japonês de construir uma cidade de Seul nos moldes "modernos", isto é, ocidentais[6]. Com tal currículo escolar e emprego, "privilégio" de poucos, é possível que tenha vivido sob o estigma de *tchin-il-p'a*, como eram chamados os coreanos pró-japoneses.

A sua carreira como projetista não fora nada má. Sua habilidade era conhecida, mesmo quando faltava dias seguidos e passava dias olhando para o nada com ar perdido. Quando lhe era conferido um projeto, era incrivelmente pontual e competente. Estendia displicente um papel todo amarrotado mas com traços de um projeto perfeito. Sabe-se que, entre outros, o prédio do Departamento do Monopólio do Comércio foi projeto seu. Mas Yi Sán^g jamais abandonara o desejo de pintar, mesmo quando já produzia literatura em ritmo febril. Infelizmente, têm-se parcos registros de suas obras visuais. No primeiro ano como projetista, conquistou o

5. Nome oficial da Coréia na época da Dinastia Yi (1392-1910), designação que perdurou até 1948, quando o primeiro presidente coreano Yi Sün^g-mán assume o poder e declara o novo nome da Coréia. Josón passa a ser Hán-gu^k a partir de então.

6. Eis uma característica peculiar da ocupação japonesa sobre a Coréia: a intenção japonesa não era exatamente a de colonizar a Coréia, mas, sim, de transformá-la numa extensão do Japão no continente. Isso explica a segunda fase da ocupação, em que os coreanos eram proibidos de usar língua nativa, com publicações em língua coreana proibidas, e obrigados a mudar seus nomes para nomes japoneses.

primeiro e o terceiro prêmios num concurso que elegeu a melhor capa para o periódico *Josón e Arquitetura*, onde, no ano seguinte, publicaria os seus primeiros poemas, aos 21 anos. Neste mesmo ano, o seu óleo *Auto-Retrato* receberia menção honrosa no concurso de artes plásticas do Estado.

Sua demissão em março de 1933, aos 23 anos, marcou o início de sua verdadeira miséria de um lado e de rica produção literária do outro. Seguiram-se quatro anos de vida boêmia, penúria, hemoptise, desilusão amorosa e literatura. É comum se dizer que Yi Sán[g] se demitira para tratar da hemoptise, mas, segundo afirmam seus familiares, a doença só se agravou depois da demissão, o verdadeiro motivo de sua exoneração tendo sido um mau relacionamento com um superior japonês – é possível, porém, que, tendo cumprido com a sua palavra de ter uma profissão "decente", já se considerasse livre do ônus da vida cotidiana. É neste ano, também, que adota o nome Yi Sán[g]. Curiosamente, o tio morreria logo depois.

Mas a sua debilidade física era um fato. E foi a mesma falta de saúde aliada à sua incurável preguiça que o impediram de trabalhar em construções ou de ter qualquer outro emprego dentro dos padrões da normalidade. Assim, preferiu ganhar a vida administrando cafés. Teve vários, todos falidos por sua desdenhosa displicência e, naturalmente, falta de reserva financeira. Era gritante a sua pobreza, admitidamente uma conseqüência exclusiva de sua igualmente renomada preguiça[7]. Mas é verdade também que a preguiça era resultado da débil saúde e de uma vida boêmia, desregrada e negligente em relação ao próprio corpo.

Tendo se demitido, empreende um retiro à estância de águas termais em Bé-tchón – cidade que hoje pertence ao território norte-coreano – para tratar da hemoptise. Lá conhece Güm-hon[g], pequena *ki-sén*[g][8] com

---

7. Como foi dito, a sua habilidade como projetista era bem reconhecida. Quando o seu café Pega já estava em fase agonizante, a direção da escola onde havia estudado o chamou para supervisionar as obras da nova sede do que seria hoje a Universidade Feminina de E-Hwa, uma das mais conceituadas na Coréia. Yi Sán[g] trabalhou nessa obra exatamente um dia, e no dia seguinte já estava entregue à preguiça no quarto dos fundos do Pega. Quando o proprietário entrou com ação de despejo, foi incapaz de comparecer à sessão na corte às 9 horas da manhã, recebendo o veredicto mais desfavorável possível.

8. Espécie de prostituta refinada, uma classe milenar de mulheres aptas para várias formas artísticas, inclusive poesia. Na modernidade, porém, ocorre uma certa desvirtualização quanto à sua excelência.

quem voltaria para Seul. Em Seul, abre um café chamado Pega[9] no centro da cidade, tendo hipotecado a casa sem que a família soubesse. Mas beberrão e boêmio como era, e com inúmeros amigos literatos e artistas, seria estranho se o café lhe trouxesse dividendos, ainda mais à frente de uma família em dificuldades. Pesou-lhe sempre a responsabilidade e a culpa, na condição de filho mais velho, de prover sustento à família com o pai doente, sentimento oriundo do senso de devoção filial, tão próprio da cultura coreana[10].

O segundo café se chamou Andorinha – Yi Sán[g] continuava buscando asas. Foi quando o escritor Ba[k] Te-wón[11] o conheceu. Segundo seu depoimento, as mesas e as cadeiras do Andorinha eram literalmente deformadas, com alturas bem menores do que o usual. Na parede, vários quadros, todos aparentemente auto-retratos, que exibiam uso abusivo de tons mostarda formando verdadeiras manchas amareladas de um auto-retrato disforme.

O deliberado mau gosto do poeta, desafiador das convenções, o fez batizar o terceiro café de "69", que nem chegou a funcionar propriamente, por falta de dinheiro. Por fim, o quarto café, o *Mugui*[12], que, apesar do nome inocente, era ocupado por mesas em formatos esquisitíssimos, quase inaceitáveis, e na parede, reproduções do *Caderno Campestre* de Renoir.

Com amigos, esbanjava talento e refinamento quanto à cultura e bons modos. Os companheiros se deleitavam com a sua incomum habilidade de brincar com as palavras, a deliciosa loquacidade, e expressões e gestos absolutamente ímpares. Teve inúmeros amigos devotados, e pode-se dizer que foi graças a eles que não acabou caindo no esquecimento completo num ambiente literário que em nada o favorecia. Pelos depoimentos, certamente se tratava de uma pessoa bondosa, generosa e sociável, a despeito da mudez dentro de casa. Os irmãos lembram-no como

9. Pega: passarinho muito comum na paisagem coreana.

10. Na Coréia confucionista, a virtude número um inconteste do ser humano é a devoção filial.

11. O escritor que conseguiu o espaço no jornal para que Yi Sán[g] pudesse publicar o *Olho-de-Corvo*.

12. Nome japonês para "cevada".

alguém que, apesar da "incapacidade" como chefe de família e da mudez, era cálido e gentil.

Contudo, "sujeito bizarro" era a impressão universal de todos que o viam pela primeira vez. O seu comportamento era todo *sui generis*, e o seu modo de olhar a vida, a moral, o casamento, enfim, tudo era radicalmente alheio a padrões. Embora tivesse muitos amigos e conhecidos, que o queriam bem e tentaram ajudá-lo de várias formas, talvez ninguém pudesse afirmar que o conhecesse de verdade. Camaleônico, mudando conforme a situação e o interlocutor, acostumou-se a esconder sentimentos. Havia, porém, um lado perverso nele: gostava de dizer coisas absolutamente indecorosas a um cidadão exemplarmente recatado, só pelo prazer de vê-lo atordoado e perplexo. Parece ter sido um profundo conhecedor do que diz respeito à prática do sexo, na qual se iniciara na adolescência com garçonetes japonesas do restaurante do pai de um amigo. Mas o mesmo amor que tinha pelas mulheres, bebida, amigos e literatura ele não o dispensou ao próprio corpo. A descrição de um amigo: "pele branca parecendo a de um ocidental, farta barba, 'gravata de boêmio', sapatos brancos até no inverno..." é muito enfeitada para um Yi Sán[g] que era absolutamente desleixado quanto à aparência. O cabelo fazia jus à descrição que ele próprio confere em seus contos: bucha ou ninho de passarinho. Não só não penteava como fazia questão de desalinhar o cabelo, sacudindo-o com os dedos. O seu total desdém pela própria vida confere um quê de suicídio à sua morte, um suicídio que se serviu de tuberculose, principalmente quando vemos que, poucos meses antes de morrer, escreveria o *Conto de Vida Finda*.

Yi Sán[g] publicou os primeiros poemas aos 21 anos, em periódicos de arquitetura. Estranho para um *début* poético, mas mais estranho eram os próprios poemas, quase matemáticos e/ou geométricos. Aliás, a sua já mencionada vocação de artista plástico explica a rica pictorialidade de sua literatura expressa em vários níveis. O seu talento visual se travestira de literatura, e desta intersemioticidade nascera uma obra inqualificável, anacrônica para o seu tempo e espaço. Quando, no ano seguinte, passa a direcionar sua produção mais para a literatura do que para a pintura, integra o Grupo dos Nove junto com escritores militantes do esteticismo em reação aos politicamente engajados. Mas Yi Sán[g] morreu cedo demais, tendo apenas iniciado a exploração de um território inóspito dentro da história literária coreana, sem deixar interlocutores nem seguidores. Alguns meses antes de sua morte, ao partir para Tóquio, teria confessado que a partir daquele momento se concentraria em produzir literatura "normal". Tais obras jamais foram conhecidas.

Aos 24 anos, Yi Sán[g] fincaria o seu mastro na literatura coreana com o estardalhaço provocado por *Olho-de-Corvo*, poemas estampados no principal diário da época, quase simultaneamente à publicação de sua ilustração[13] para o conto *Um Dia na Vida do Romancista Kubô*, do amigo-escritor Ba[k] Te-wón. A fúria do público acabaria por custar o emprego do editor Sán[g]-hó, amigo de Ba[k] Te-wón, mas Yi Sán[g] ganhava um pequeno exército de militantes que acabaria por legar uma surpreendente sobrevida à sua escassa obra[14].

Passado o trauma do *Olho-de-Corvo*, publica, dois anos mais tarde, a sua obra-prima, o conto *Asas*, além de vários outros. Só então, Yi Sán[g] passa a ser considerado um "autor" propriamente dito, e *Asas* passaria para a história como um verdadeiro marco, referência imperativa na literatura moderna coreana, a despeito do discutido caráter de inacabamento.

É também no ano de 1936 que o poeta se casa com Kim Don[g]-im, com quem vive brevemente antes de partir para Japão, a sua terceira e fatal viagem.

Yi Sán[g] nascera e crescera em Seul, sem nunca ter saído da cidade. Três viagens o marcaram indelevelmente, tanto na vida quanto na obra.

A primeira é a que está retratada no *Conto de Encontro e Despedida*, quando, depois da demissão e agravamento da doença, procura a estância de águas termais Bé-tchón, de onde volta com a pequena *ki-sén[g]* Güm-hon[g], e com quem viveria até ser abandonado, motivo recorrente em sua obra.

A segunda viagem foi para uma vila rural em Són[g]-tchón, no verão de 1935, aparentemente sem motivo. Essa viagem marcou-o profundamente, e a maioria de seus escritos livres tratam dessa vila, dos quais *Tédio*

---

13. Isso pode até parecer um início triunfal, mas na verdade ilustra o esforço de Yi Sán[g] em ganhar alguns trocados – com a ilustração publicada sob o pseudônimo de Ha-yun[g] – ao mesmo tempo em que tenta publicar literatura.

14. Ver a introdução ao *Olho-de-Corvo*, p. 127.

é exemplo. A experiência permaneceria em sua memória por muito tempo, pois *Tédio* traz a data de 19 de dezembro de 1936, isto é, quando Yi Sán[g] já se encontrava em Tóquio, por ocasião de sua terceira e última viagem, melhor denominada fuga.

Saiu de casa dizendo que iria passar uns dias fora. Seu pai se encontrava muito doente e a família numa situação desesperadora. Era outubro, quase inverno. O destino final, a cidade de Tóquio, para qual vivia dizendo querer ir, era onde morava o poeta Kim Kirim, ídolo declarado de Yi Sán[g]. Mas para quem clamou aos quatro ventos que "pretendia aprender cinco línguas" Tóquio foi uma desilusão ímpar e dessa cidade jamais voltaria. Já em Tóquio, escreveu cartas contundentes a Kim Kirim, que estudava e vivia numa cidade próxima.

Logo fez-se inverno em Tóquio, passado a vômitos de sangue. E no final da estação, em fevereiro de 1937, o poeta foi preso pela polícia japonesa, suspeito de "ideologia subversiva"[15]. Com o rosto esquálido, os famosos cabelos e a barba malfeita, não é de estranhar a suspeita. Naturalmente, foi torturado e a doença se agravou, motivo de sua provisória soltura quando ficou evidente que não duraria muito. Amigos o internaram no Hospital da Universidade de Tóquio, mas com possibilidades remotas de recuperação. O pulmão já estava totalmente desfigurado segundo os médicos japoneses.

Ao menos, no leito de morte, Yi Sán[g] teve um último luxo. A presença de muitos amigos, dia e noite, com os quais foi loquaz até o fim como sempre fora. Pouco antes de morrer, Kim Kirim, que o procurou, proclamou: "Ei, o seu rosto parece mesmo o de Zeus de Fídias!" Morreu a 17 de abril de 1937. Conta a lenda que, no momento da morte, Yi Sán[g] formulou um pedido: que lhe trouxessem um limão ou um melão. Até no momento de sua morte, quis brincar com duas palavras anagrâmicas[16]. A esposa, que fora vê-lo, voltou com as cinzas, enterradas no cemitério público em Miyari, Seul. Hoje o local está invadido por casas e prédios.

Estranhamente, na véspera de sua morte, morreram tanto o seu pai como a sua avó. Yi Sán[g], já agonizante, expirou sem saber do falecimento quase simultâneo dos dois.

---

15. Entenda-se libertária, do movimento de libertação da Coréia.

16. Note-se que as duas palavras são, em inglês, *lemon* e *melon*. Como duas frutas não nativas do Japão ou da Coréia, eram chamados por seus nomes em inglês.

Vários de seus contos e poesias foram sendo publicados postumamente, até aparecer, em 1957, um vintênio mais tarde, a primeira coletânea de sua obra em três volumes. Em 1976 publicou-se a primeira versão das obras completas[17]. Sabe-se que a esposa levou embora um carrinho cheio de escritos e desenhos, cujo paradeiro é ignorado até hoje. E há o *Dead Mask*, escrito já no leito de morte, também desaparecido.

17. As *Obras Completas de Yi Sáng*, de 1991, na qual é baseado o presente volume, é uma versão bem diferente da primeira. Levada a cabo por diferentes organizadores, é uma versão ampliada que inclui novas obras descobertas ao longo dos anos, além de novas e fartas notas interpretativas.

O QUE SE DISSE SOBRE YI SÁNG

SOBRE OS TEXTOS CRÍTICOS

A seguir, estão reunidos trechos do quarto volume das *Obras Completas de Yi Sán*[g] (org. Kim Yun-shi[k]), composto dos 15 textos críticos mais representativos sobre o autor desde a sua morte até o início da década de 80. A presente seção traz uma colagem de excertos de alguns desses textos, numa opção pela síntese que permitiu eliminar trechos introdutórios dispensáveis, informações repetidas de texto em texto, comentários sobre obras que não fazem parte desta coletânea, considerações sobre outros autores, obras ou acontecimentos que não são de conhecimento do público leitor brasileiro etc.

Naturalmente, tal processo implicou a prática de todo tipo de operação adaptatória, como cortes radicais e omissões, explicações e acréscimos, resumos e reduções etc., procedimentos que se justificam na medida em que o objetivo deste volume é menos acadêmico do que de divulgação, na esperança de que o autor conheça, fora da Coréia, um destino semelhante, por suas peculiaridades, daquilo que lhe tem cabido em seu país de origem: um tanto à margem do *mainstream* da academia – pela sua inclassificabilidade –, no entanto amado pelo público.

Para a leitura dos textos a seguir, é fundamental ter em mente as condições histórico-culturais próprias da Coréia nas primeiras décadas do presente século. Como já foi mencionado, Yi Sán[g] nasceu e morreu dentro de um período negro, o da chamada ocupação japonesa[1]. E a mesma se deu ao cabo de duas décadas absolutamente conturbadas, que envolveram a abertura dos portos, a queda da Dinastia Yi de quinhentos anos, a implantação e derrocada do Império, a Guerra Sino-Japone-

---

1. Devido à condição geográfica "privilegiada", os cinco mil anos de história da Coréia não são senão uma seqüência de tentativas de invasão, o que explica em parte a fama milenar de xenofobia. A história oficial contabiliza 8 000 tentativas de invasão, e não é de estranhar que todos os grandes heróis coreanos sejam justamente os que se notabilizaram na defesa do país. No entanto, a ocupação japonesa constituiu a primeira perda de fato do poder de governo.

sa em território coreano, o assassinato da rainha pelos japoneses etc., num conjunto de eventos impossível de resumir senão pela expressão olho da tormenta.

Com a identidade cultural espoliada, à *intelligentsia* estava designada a tarefa de defendê-la em nome do povo, num acordo tácito e inconteste entre o público e a comunidade intelectual. Se o engajamento político era um imperativo, era-o também o engajamento cultural, que valorizava as letras como uma tocha de resistência em meio à escuridão. Se de um lado se colocavam os autores militantes – e obviamente perseguidos – do outro se postavam os autores esteticistas – ah, a bipolarização tão própria da época... Estes eram criticados pelos primeiros não só pela alienação mas pela subserviência às fontes ocidentais – traição cultural!

Não redutível nem a um nem a outro desses pólos, a causa do *enfant terrible* que Yi Sán[g] encarnaria dificilmente encontraria espaço numa cultura confucionista comandada pelos imperativos do acatamento, recato, comedimento e correção moral. Contudo, estranhamente, Yi Sán[g] foi ganhando o afeto do público e de parte da intelectualidade, começando por uma legião de amigos entusiastas, que não se importavam com a propalada ilegibilidade de sua obra – ou talvez tenha sido justamente esta a causa do fascínio que ela provocava neles. Durante um bom tempo, a instituída crítica se concentrou em tentar justificar e desculpar a sua presença na história literária coreana, mais ou menos como que cumprindo uma certa obrigação, uma vez que a sua acolhida não permitia o silenciamento e a exclusão. O amadurecimento da academia ainda tardaria.

Isto, na verdade, se liga a um outro aspecto cultural importante: a recepção do Ocidente, que literalmente jorrou para dentro da Coréia praticamente num só golpe. A cultura greco-latina, o telefone e o trem, o cristianismo e o pecado, as cidades, a vestimenta[2], o marxismo, a filosofia metafísica, a matemática e o relógio, o surrealismo, a Revolução Industrial, o romantismo e o simbolismo, enfim, tudo, num vertiginoso espaço de

---

2. A título de ilustração: em novembro de 1895, foi expedido um decreto ordenando que os homens cortassem os cabelos. Até então, usavam-se cabelos compridos formando um coque sob o chapéu. O decreto seguia preceitos de higiene e de simplicidade, mas muitos se recusaram a acatar tal blasfêmia cultural, preferindo o suicídio em frente ao palácio do rei.

tempo. Não é de estranhar uma academia imatura – aliás ela própria uma instituição importada –, despreparada para dar lugar a uma espécie de autor tão chocantemente mutante. Esse projetista, "aventureiro diletante" nas letras, só sobreviveria graças aos numerosos amigos – escritores – que sinceramente o amaram.

Um mês após a sua morte, no dia 15 de maio de 1937, amigos escritores organizaram uma homenagem, com a participação de Tchwe Je-só, o mais importante crítico literário na época. O pronunciamento deste – incluído aqui com o título *A Arte do Finado Yi Sán*[g] – talvez não estivesse livre de uma certa dose de gentileza obrigatória para com os literatos devotados a Yi Sán[g], mas passaria para a história como o primeiro texto crítico sobre o autor, ao mesmo tempo que validando a sua obra na rota da recepção crítica coreana.

Como se verá nos trechos a seguir, muitas passagens soam estranhas a nós hoje, para não dizer mal informadas e equivocadas, além da questão inescapável do tom moralizante e catequizante, e até de um esforço em escavar, a todo custo, um engajamento em Yi Sán[g] – pois este seria o passaporte para o seu sólido posicionamento na história literária. A colagem crítica tenta ser fiel tanto quanto possível a essa recepção de Yi Sán[g], só compreensível à luz do panorama histórico-ético-cultural próprio da época e dos coreanos.

Além dos textos que fazem parte do quarto volume das *Obras Completas*, foram incluídos também trechos da introdução de *Asas e Outros Contos*, coletânea publicada em 1982, organizada por Yi Bo-yón[g].

Por fim, alerto para o fato de que os comentários sobre a obra poética, nomeadamente a seção *Olho-de-Corvo*, foram incorporados às observações que seguem os próprios poemas (pp. 167-188), de modo que aqui estão recolhidos, apenas, trechos críticos quanto à sua obra em prosa.

AO ORGANIZAR A COLETÂNEA
DE ESTUDOS DE YI SÁN[G]

Kim Yun-shi[k] (1936-   )[1], 1995

Na história da literatura moderna[2] coreana, é difícil encontrar uma obra tão ininteligível quanto a de Yi Sán[g], objeto de reflexão para mais de duzentos estudos, desde a sua morte. Com certeza, mais textos serão escritos e nem por isso ter-se-á esgotado a tarefa de interpretar a obra de Yi Sán[g]. Do que, afinal, é feita essa literatura, que não pára de atiçar a ânsia dos estudiosos? Para todos os que amam as letras desta terra e por elas zelam, esta pergunta se coloca como um obstáculo inescapável, e ao mesmo tempo como uma braçada de flores, que se abraça largamente.

Esta coletânea de estudos abre uma pequena arena na tentativa de compreender os textos de Yi Sán[g]. [...]

O primeiro texto importante nessa tarefa é o de Tchwe Je-só, o maior crítico da década de 30, lido por ele mesmo no dia 15 de maio de 1937, por ocasião da homenagem celebrada em memória a Yi Sán[g].

No entanto, do ponto de vista da história da crítica, o texto de Jo Yón-hyón, da década de 40, marca, definitivamente, o posicionamento da obra de Yi Sán[g] dentro da história literária coreana sob o título significativo de *A Dissolução[3] do Espírito Moderno Coreano*.

[...]

A obra de Yi Sán[g], que até o fim da Guerra da Coréia (1950-1953) conhecera apenas 24 textos críticos, desponta com apelo significativo a partir da década de 50, uma década que, segundo o poeta Ko Ŭn, não pode

---

1. Organizador de três dos quatro volumes que compõem as *Obras Completas de Yi Sán[g]*, de 1995, com exceção do volume 1, de poesia. Importante crítico literário, professor da Universidade Nacional de Seul. De suas obras mais representativas, constam pelo menos dois volumes de estudos sobre Yi Sán[g], além do famoso texto *A Borboleta que Desconhecia a Fundura do Mar*, também sobre o nosso autor.

2. Entenda-se século XX. Ver nota 1 das Notas Biográficas, p. 197.

3. A tradução mais literal seria "desconstrução", termo evitado para prevenir equívocos.

ser descrita senão pela exclamação "Aaah!", e que é definida como "época sem lei da gravidade" pelo crítico do pós-guerra Yi Ó-ryón[g]. A Guerra da Coréia, por ser sem sentido[4], revirou todos os valores e, por ser de porte sem precedentes[5], reduziu a paisagem a cinzas e a população inteira à mendicância coletiva. A essa geração pós-guerra, incumbida da missão histórica da reconstrução em meio às ruínas, talvez a obra de Yi Sán[g] apelasse com uma atualidade absoluta, como a figura de um irmão mais velho que experimentara o desespero com requintes. Naturalmente, os textos críticos dessa época guardam um grau de projeção da sensação de perigo que uma geração inteira sentia com relação a sua própria existência. [...]

Somente a partir da década de 60 torna-se possível um olhar mais crítico e objetivo, resultando em mais de cem estudos na década de 70. Acontece a problematização não só da obra literária, como também a abordagem da questão fundamentalmente interdisciplinar presente no autor, relacionada a outras áreas da cultura, como zoologia, matemática, pintura, psicanálise, arquitetura, filosofia etc. A década de 80 veio acrescentar novos enfoques, como a análise dos efeitos estéticos, a análise biográfica e psicanalítica, além da semiótica e da crítica genética. [...]

---

4. Por se tratar de genocídio.
5. Morreram, oficialmente, 3 milhões de pessoas, 10% da população coreana na época.

A ARTE DO FINADO YI SÁN^G

Tchwe Je-só (1908-1964)[1], 1937

[...]
Conheci os seus contos antes de conhecê-lo pessoalmente. Para mim eram uma espécie de prosa experimental. Ao mesmo tempo surpreendido com aquela prosa tão distante do senso comum, tinha dúvidas sobre até que ponto dar crédito a tal experimentação. Isto é, eu não tinha certeza se aquela técnica esdrúxula era um produto inevitável e honesto na tentativa de expressar o mundo interior do autor, ou se tudo era apenas uma brincadeira para atrair a curiosidade do leitor. [...]
Não pude deixar de me surpreender novamente com a sua figura de tipo boêmio, o seu riso cínico e a sua fala espirituosa, ágil, prolixa. Pude compreender que não era de forma alguma uma pose artificial; que ele havia há muito se descartado da nossa vida pacata e inocente; que ele estava farto do senso comum; que, em meio a uma vida aparentemente nada fácil, não havia perdido o espírito poético.

Enfim, seus personagens bizarros, descritos com sua técnica experimental, não eram simples brincadeira intelectual ou um gesto de petulância, e pude seguramente concluir que se tratava de um esforço real na busca por uma expressão condizente com a sua vida intelectual extremamente desenvolvida. [...]
Por que dizemos que a prosa de Yi Sán^g é experimental?

(1) Ela não traz os elementos tradicionalmente tidos como fundamentais na prosa, como enredo ou descrições psicológicas. A personalidade do personagem principal de *Asas* é a apersonalidade, e não se tem enre-

---

1. Foi importante crítico literário e especialista em literatura de língua inglesa. Na década de 30, firmou-se como divulgador da crítica literária intelectualista anglo-norte-americana. Foi quem praticamente assentou as bases, na Coréia, para a prática da crítica literária no sentido moderno – ocidental –, além de iniciar a polêmica entre o realismo social e o esteticismo em literatura.

do algum capaz de guiar a curiosidade do leitor. O enredo é a paisagem interna de um indivíduo. Em seus contos, os objetos ou acontecimentos externos são como senhas ou sínteses que sinalizam o estado psicológico dos personagens.

(2) Perguntar-se-ia se a sua prosa não é subjetiva demais. Assim é. A sua prosa não é apenas subjetiva, mas muitas vezes não se distingue nela o subjetivo do objetivo, assim como se confundem o sonho e a realidade.

(3) Isso não significa que Yi Sán[g] não fosse capaz de distinguir o sonho da realidade. Na verdade, ele possuía uma consciência excessiva da realidade, conhecia-a minuciosamente, precisamente o motivo pelo qual ela importava menos, pelo menos à sua arte. Em *Asas*, Yi Sán[g] condena e satiriza num único lance o dinheiro, o senso comum e a moral. Os motivos de sua arte sempre estavam à margem, e sem se falar desse elemento fundamental, a sua prosa será sempre, ao final, uma infantil brincadeira de palavras ou então delírios de um demente.

(4) Por fim, aponta-se que a sua prosa está bem mais perto da poesia do que da prosa. Acredito que a fusão da poesia e da prosa seja o ponto mais característico e também o mais importante de sua prosa experimental. Não é que nos deparemos, de quando em quando, com versos de poesia inseridos na prosa. O próprio espírito de sua prosa é mais poético do que prosaico. [...]

Seu espírito literário aponta para um gesto de vôo libertário dos grilhões da realidade. Em *Degelo* diz: "no fundo dos meus pensamentos há somente a liberdade sem limites". Pergunto-me: quantos, no nosso meio literário, seriam capazes de vomitar sem pestanejar tal fragmento poético? Não estou falando da sua ideologia anacrônica[2], mas, sim, da sua ousada audácia. [...]

A arte de Yi Sán[g] é inacabada. Tanto por ele ter desaparecido tendo apenas iniciado um trabalho, quanto pelo caráter próprio de suas obras. Não foi um autor tradicional tentando encaixar suas convicções dentro de uma formalidade instituída, mas tentou reunir os fragmentos de sua personalidade esfarelada pela civilização moderna, conferindo-lhes uma realidade e uma concretude da forma que pôde e para isso teve de experimentar

---

2. A "ideologia anacrônica" se refere ao não-engajamento de Yi Sán[g], atitude repudiada por grande parte dos críticos da época.

variadas técnicas. Mesmo que ele tivesse atingido a perfeição na sua prosa de experimentação, terá sido, até o fim, inacabado e vulgar se visto sob a ótica da prosa ortodoxa. Mas ele partiu sem mesmo ter tido a chance de desenvolver a sua experimentação, nem ter recebido tratamento crítico suficiente. A qualidade do inacabado parece ser um destino inelutável de sua obra em muitos sentidos.

Suas obras vão ficar para nós como uma expressão do desmoronamento da *intelligentsia*[3], objeto de ataques e ironias nos dias que correm. Além do seu valor como registro de época, representa uma contribuição, ainda que indireta, no sentido de sugerir uma nova forma de lidar com um período de caos.

Um de seus grandes feitos foi também ter provocado um certo excitamento intelectual, ainda que sob uma forma totalmente retorcida, num meio literário que facilmente recaía no senso comum e na inércia. É verdade que a sua prosa não provê os leitores de um interesse prazeroso, mas não buscamos somente o interessante na literatura.

Yi Sán[g], a quem queríamos bem e admirávamos, partiu melancolicamente longe de sua terra natal. Acredito que a nossa tarefa seja a de tentar elucidar, gradativamente, o verdadeiro significado da sua reduzida obra e manter aceso o seu espírito. [...]

---

3. Refere-se ao movimento esteticista surgido na década de 30 em reação à arte engajada. O movimento, claramente ocidentalizante, foi criticado por ser alienado e escapista.

A DISSOLUÇÃO DO ESPÍRITO MODERNO COREANO

Jo Yón-hyón (1920-1981)[1], 1949

O Significado de Yi Sán^g na História Literária Coreana

[...]

Deve ser raro que alguém, ao ler o Poema n. 1 do *Olho-de-Corvo*, compreenda exatamente o que o autor está pretendendo transmitir ao leitor ou o que o poema representa em seu conteúdo. Mas a verdade é que os 15 poemas publicados sob o título *Olho-de-Corvo*, todos do mesmo tom, foram recebidos com grande entusiasmo e singular excitamento e curiosidade pelos jovens da década de 30.

O motivo para essa calorosa recepção é de origem mais psicológica do que literária, para um obra que é ininteligível, esquisita e mesmo impenetrável. Tivesse sido a poesia de Yi Sán^g de fácil compreensão, talvez não houvesse tal tratamento especial. Apoiar e aclamar uma poesia ininteligível é no mínimo um fenômeno esquisito, mas a Coréia da década de 30 havia chegado a um beco intelectual tal, que foi preciso escrever uma poesia que nem o próprio autor compreendia, e o público não podia fazer outra coisa senão consolar a si próprio fazendo de conta que a entendia.

O espírito moderno da década de 30, cansado e nauseado do velho universo lírico, repetido *ad infinitum*, adquirira um orgulho intelectual que não lhe permitia se aninhar confortavelmente no lirismo já gasto, mas nem por isso era facilmente concretizável um universo poético novo, capaz de satisfazer uma intelectualidade que se sofisticara somente a nível conceitual. O dilema intelectual, originado no conflito entre o menosprezo do passado e a ânsia afoita pelo novo,

---

1. Foi crítico e editor de vários periódicos literários. Dedicou boa parte de seu tempo à tarefa editorial e a presidir instituições literárias e artísticas. Entre suas obras mais importantes, figura a *História da Literatura Contemporânea Coreana*.

acabou encontrando, na verdade, um autoconsolo e satisfação nesta espécie de esquema conceitual inominável que é a poesia de Yi Sán[g].

Mas em tal dilema da década de 30 estava escondida uma causalidade inevitável do ponto de vista da história do pensamento moderno coreano. Para investigar esta inevitabilidade é preciso antes investigar o significado da obra de Yi Sán[g] na nossa história literária, uma vez que foi nela que o referido dilema encontrou refúgio. E para isso, será imperativo elucidar o verdadeiro rosto da poesia de Yi Sán[g], e o que ela queria afinal de contas expressar.

[...]

O Poema n. 1 do *Olho-de-Corvo* e tantos outros não deixam dúvidas: não há, nesses poemas, vocábulos ou termos tão ininteligíveis que não os possamos entender. São palavras corriqueiras, compreensíveis a qualquer um, assim como são os versos separadamente, sem sintaxes herméticas. Então, a sua ininteligibilidade não está nos vocábulos, nem nas orações, mas, sim, no significado e conteúdo geral do poema, ironicamente estruturado com palavras e orações que todos podem entender. Afinal, o que o autor quer expressar ou representar com orações como "13 crianças correm pela estrada", "a primeira criança diz que está com medo"?

Embora as partes, isoladamente, sejam dotadas de sentido inteligível, o poema não consegue atingir qualquer unidade de sentido num nível mais geral de expressão. Isso mostra que o próprio autor carecia de uma intenção fundamental a exprimir; tudo que ele dispunha eram imagens ou sentimentos fragmentários. Mais do que um esforço deliberado e consciente de ser hermético, era quase uma necessidade biológica de Yi Sán[g], ele próprio destituído de um conteúdo totalizante de si mesmo. É assim que Yi Sán[g] consegue se expressar consistentemente em imagens ou sentimentos fragmentários – vocábulos e orações compreensíveis – mas fracassa totalmente na expressão de um conteúdo geral dotado de uma unidade, simplesmente porque não tinha um conteúdo unificado a ser expresso. Os fragmentos eram uma expressão do próprio Yi Sán[g], um sujeito fragmentário e falto de unidade do sujeito. [...]

Suas poucas obras em prosa podem ser vistas como uma paráfrase aos seus poucos poemas, e as suas crônicas igualmente pouco numerosas podem ser vistas como uma paráfrase à sua prosa e poesia. Nesse sentido, Yi Sáng está mais perto de um cronista. Rigorosamente falando, a sua poesia ou prosa não era poesia ou prosa *stricto sensu*; não apenas fugia à normalidade, como também a sua prosa fora sempre escrita *à la* crônica. Pode-se dizer que em crônica, e somente em crônica, é que ele atingiu, pela primeira vez na história literária coreana, uma perfeição. [...]

O que significa então a fragmentação de Yi Sáng na história literária coreana? Que conspiração, do ponto de vista da nossa história do pensamento, levou a esse desmantelamento do sujeito?

Para isso, recuemos ao início do século. As primeiras peças literárias da moderna Coréia eram tentativas tão vagas quanto hesitantes de expressar um espírito moderno coreano dentro do sistema de significação ocidental. Em seguida, proliferou a experimentação em literaturas de variadas vertentes de influência ocidental, das quais o naturalismo, o materialismo histórico e o romantismo foram as mais representativas. No entanto, o espírito moderno coreano, concretizado e representado em tais correntes literárias, logo desembocou, respectivamente, no deprimente desmascaramento de uma lamentável realidade, na perda do senso de humanidade e na fuga do real. Tais inesperados e melancólicos destinos acabam suscitando um certo ceticismo com relação ao próprio espírito moderno no qual a *intelligentsia* coreana poderia e deveria escorar-se.

E é justamente dentro desse ceticismo que se origina o desmantelamento do sujeito de Yi Sáng. Portanto, os eus do sujeito fragmentário de Yi Sáng representam, na nossa história literária, o colapso de um sujeito coletivo capaz de prover um horizonte para o nosso espírito moderno. Como expressão deste primeiro colapso é que encontramos o verdadeiro significado e posicionamento de um Yi Sáng, que nem era propriamente poeta nem romancista, mas um mero cronista *sui generis* na nossa história literária.

[...]

A sua poesia, que era um esboço conceitual absolutamente ininteligível e impermeável, desempenhava com a maior propriedade possível este colapso, e naturalmente se mostrou atraente aos jovens da década de 30, que viviam a referida dissolução do sujeito coletivo. O sujeito desmantelado de Yi Sáng acabou se tornando um objeto literário talhado para o autoconsolo e a satisfação desses jovens, uma poesia que, mesmo não se entendendo, expressava com perfeição a insegurança deles. E foi desta forma que a ininteligibilidade de Yi Sán[g] passou a fazer sentido e recebida com benevolência e especial afeto.

Sempre me coloquei contra a idéia de que a obra de Yi Sán[g] guarda alto valor literário, mas acredito profundamente que, do ponto de vista da nossa história do pensamento moderno, a sua existência guarda uma posição e um significado todo especial e precioso.

TEORIZANDO YI SÁN[G]

A perfeição da "consciência pura" e o seu desmoronamento

Yi Ó-ryón[g] (1934-   )[1], 1955

1. Introdução

1a. A Morte de Sán[g]

O fim de Sán[g], à fragrância de um limão[2], numa tarde de março[3] de 1937, num canto escuro do quarto de hospital em Tóquio, não nos deixa imunes à descoberta de um significado simbólico para a sua breve existência e o fim de seu itinerário como autor.

Primeiro, a estação. Março marca mudança de estação, quando a neve tardia de inverno está ainda derretendo; época incerta em que nem se está no inverno nem na primavera. Foi justamente a patética estação que Sán[g] viveu, habitante de uma quadra em que elementos líricos da velha geração e os resquícios do niilismo de fim-de-século (neve) se extinguiam debaixo do sol ofuscante do espírito moderno, intelectualista e prosaico.

---

1. Yi Ó-ryón[g] é um dos críticos literários mais importantes do pós-guerra (Guerra da Coréia: 1950-1953), que se notabilizou pela orientação pouco ortodoxa, um verdadeiro semioticista antes do tempo – sendo inclusive um introdutor da semiótica na Coréia – em quem cabe melhor a denominação "pensador livre". Apaixonado militante de Yi Sán[g], iniciou a sua carreira como atento leitor das obras do autor, e, enquanto dirigiu o tradicional periódico *Literatura & Pensamento*, descobriu e publicou postumamente vários preciosos textos do poeta. Pode-se dizer que desempenhou um papel decisivo na consolidação de Yi Sán[g] dentro da academia. Autor de mais de 30 volumes nos mais variados campos culturais, viria mais tarde ocupar o posto de primeiro ministro da cultura da Coréia. Este texto foi originalmente escrito em sua juventude, quando estudante de Letras da Universidade Nacional de Seul, aos 21 anos. Com a exceção da Introdução, a tradução valeu-se mais do texto resumido pelo próprio autor e publicado mais tarde sob o título *A Testemunha Desalada*. Neste texto recheado de citações de trechos das obras de Yi Sán[g], foram utilizadas aspas, sem referências específicas.

2. O lendário último pedido do poeta. Ver Notas Biográficas, p. 197.

3. A dúvida quanto ao mês da morte do poeta, uma vez que as Notas Biográficas referem-se a abril, talvez se explique pela diferença entre o calendário lunar e o solar.

Pode-se dizer o mesmo do local. No sentido político, o Japão não era totalmente terra estrangeira nem por isso terra pátria, da mesma forma que o universo da consciência por onde Sán^g pisou não foi um território alheio nem por isso seu. Sán^g foi um *demi-étranger* a vida inteira numa terra que mais parecia uma charada. Ainda mais se nos lembrarmos que, tendo abandonado Seul – de penúria e detritos dos inúmeros fragmentos de sua própria personalidade –, chamou-a "nostalgia de alívio" quando a saudade sobreveio, sem jamais, porém, ter podido voltar, ato paradoxal que simboliza um aspecto de sua atitude e postura interna em relação à realidade.

O leito no quarto de hospital não é diferente. A vida cotidiana sufocante representada pela monótona parede branca, e o vazio cerrado por uma cortina sem cor e sem estampa. Foi a atmosfera que envolveu Sán^g a vida inteira. [...]

Nessa perfeita síntese de sua paisagem interna, Sán^g, na condição de um silente emissário de uma pena imputada pela "modernidade", encontrou o seu fim em meio à fragrância de um limão. Foi, com certeza, o luxo derradeiro para um projetista desafortunado.

[...]

O seu fim não teve a ironia nem o cinismo que exalara durante a vida. "O Yi Sán^g que as pessoas têm em mente é um ser diferente de mim. O que eu quero é fugir do tal mundo de Yi Sán^g." Como mostra a trágica confissão epistolar, tudo o que ele quis na verdade foi embriagar-se no aroma que exalava de um limão. Infelizmente, foi um outro fruto que ele cheirou a vida toda: o Fruto do Conhecimento chamado consciência, substância do espírito moderno, em meio a uma paisagem histórica de tirar o fôlego. [...]

Sán^g morreu. Em meio a lamentações e indiferenças, a sua morte já é fato de 20 anos atrás. Entretanto, a sua morte foi menos física, por ter sido submetido à tortura pela polícia japonesa, ou pela incubação de vírus ou pelo ar viciado e sinistro da cela. Foi, sim, uma morte da alma por sua "pessoa e arte mal-compreendidas". O excremento tóxico dos passadistas anacrônicos que perseguem cegamente o lugar-comum e velhas tradições acabaram por enterrar implacavelmente o seu espírito. Alguns o chamaram de *enfant terrible* de mau gosto que brincava de escrever poemas incompreensíveis, outros o chamaram de uma deformidade que só um ser incomum

– quando encarado positivamente, gênio, e quando não, doentio – sentia e necessitava cultivar, e outros simplesmente saíram chamando-o de "genial". De qualquer forma, Sán^g, como um presciente à frente dos tempos, foi solitário, e sua obra, creditada em meio a mal-entendidos. [...] Mas dizer que Sán^g exala uma respiração mais íntima e mais surpreendentemente nova do que qualquer outro autor da atualidade, vinte anos depois, não deve ser com certeza apenas um cisma pessoal. [...]

1b. Mito do Fruto do Conhecimento

O Fruto do Conhecimento sintetiza a abjeta mesquinhez de um Deus que tenta acobertar o seu ato de criação levada a cabo num instante de irresponsabilidade lúdica. O Fruto é o bloqueio contra a exposição do Deus a críticas, contestações e revoltas, com o objetivo de perpetuar sua autoridade. [...]

Talvez o Fruto não tenha sido de todo um projeto meramente calculista. Talvez tenha sido um ato de compaixão para com suas tristes criaturas, um ato de santa misericórdia. Legar uma consciência infinita a seres que são finitos levaria, inevitavelmente, a uma trágica fissura interna, e a excessiva autoconsciência resultaria, por sua vez, na autodestruição, diante da eterna tentativa de absolutizar um eu não-absoluto.

Mas a transgressão do Fruto acontece. O homem começa a se conscientizar de sua condição, nem Deus, nem ignorante criatura. Mesmo que não fosse expulso de Éden, ser-lhe-ia impossível continuar convivendo com Deus. O ser humano decaído tece sua própria tragédia, entre o "eu que já existe", acidental e insignificante, e o "eu como consciência", absoluto e onipotente. Ter de sentir o mundo finito possuindo ao menos uma condição infinita... nessa dupla condição antagônica é que assoma a sangrenta carnificina humana.

Em troca, Deus lega às tristes criaturas a vã proposição: "reproduza-se, coma, morra", para que estas possam perpetuar a sua atividade e a vida, e por inúmeras gerações o homem viverá silente a vã proposição. Mas a silenciosa vingança e revolta se acirra com o tempo, culminando na modernidade, e junto, a tragédia humana também alcança o seu cume.

A trágica consciência de si do homem moderno é muito mais do que um mito, é por demais real e fatal. E Yi Sán^g é o protótipo deste sacrifício modelar do mito do Fruto. Toda a sua obra e vida foi uma tentativa de autolibertação do fosso entre a "realidade-cotidianidade" e o "eu". A sua arte, longe de ser excremento de uma personalidade doentia, é agonia de toda a humanidade moderna que atingiu o cume da trágica autoconsciência. [...]

2. A Arte de Yi San^g

A errância pela vida de Yi Sán^g inicia-se nas vastas e devastadas dunas de areia da consciência. A sua consciência é a negação e o ceticismo em relação à vida cotidiana triturada pela tradição, história e hipocrisia da decrépita humanidade. Ele que "nasceu em frente a uma porta trancada"[4] haveria de renunciar à tarefa de herdeiro da história e passaria a zombar dos anseios e objetivos de uma cotidianidade ordinária. Yi Sán^g tem a consciência da pesada carga do ser moderno, de quem precisa "viver fazendo o papel de mim do meu pai e do pai do meu pai e do pai do pai do meu pai", todos eles ao mesmo tempo (Poema n. 2 do *Olho-de-Corvo*), bem como da passividade de um trágico pierrô que tem de bancar ao mesmo tempo o espectador e o espetáculo do Poema n. 3, e, aflito, observa a realidade e a história que se desenrola à sua frente.

A realidade aos seus olhos não passa de uma prostituta sórdida e vulgar já destituída de sentimentos absolutos, ou a fidelidade de uma esposa preservada sob hipóteses do tipo "se eu não tivesse marido, se o marido perdoasse..." [...]

Yi Sán^g descobre na esposa (realidade) o instinto sórdido de prostituta e sentencia implacável "deve-se deixar a mulher que tenha cometido adultério", não encontrando outra saída senão lançar um adeus para tudo o que não faz sentido. Mas um adeus não é fácil. Quando se abandona a cotidianidade, deve-se permanecer no mundo da autoconsciência para começar. Fugir do mundo cotidiano é a tragédia de correr por uma rua fechada tomado de pânico, ou, então, é uma corrida sem fim em que se

---

4. Referência ao poema *Apropriado* (4) não incluído no volume:

"Quem é vo cê que es tá a trás da PORTA e ba te a PORTA e gri ta pa ra eu a brir a PORTA [...] E ten to a brir a PORTA mas a PORTA não está tran ca da só por den tro. Sem que você sai ba a PORTA es tá tran ca da por fo ra tam bém [...] Quem é vo cê e por que di a bo foi nas cer lo go em fren te a u ma PORTA tran ca da."

perpetua a sensação de pânico. Correr ou não correr, o resultado não difere. Mas também não se pode mais voltar ao mundo cotidiano. [...]

No entanto, ainda que sonhe em "recuperar, por qualquer meio que seja, a garra pelo cotidiano", a sua autoconsciência, com as raízes fincadas como por uma sina, não permite de modo algum a aclimatação à realidade. Aqui, no universo assolado por um "temor [que] era uma imensa rocha", lança a grave pergunta "O que eu devo fazer?" Ele sabe que não há resposta. Ele sabe que a cisão e a ruptura completa com o exterior é o máximo de resposta que se tem. [...]

Assim, o Sán[g] que vive a cotidianidade[5] encontra o seu fim, e resta um outro Yi Sán[g] que surge sob o signo da parafronia (estado de total imbecilidade)[6] – um mundo de indiferença e preguiça. É o tédio da vida cotidiana evoluído para a preguiça, e o escárnio e a vaia contra aquela vida evoluídos para a indiferença.

Neste mundo de indiferença e preguiça impera uma "paz consciente". Dinheiro, tempo, paixão, sentimentos comuns, até mesmo o desejo, nada disso é problematizado. Existe apenas um "zero absoluto", nem esperança nem desesperança, nem felicidade nem infelicidade, um estado em que até mesmo a própria personalidade "sumiu sem deixar vestígios" depois de tê-la "depositado num pote tipo gaveta". [...]

O universo de consciência – parafrônico – e o universo da cotidianidade se postam em conflito antagônico, como dois sóis, e Yi Sán[g] jamais se desvencilharia dessa temerosa guerra de nervos. A sua luta é a de unir esses dois mundos, os seus dois eus cindidos dentro de si mesmo. Esta é, no final, a essência de sua arte e o ponto para o qual converge toda a sua obra. Era também a vida nova a que ele próprio, ao cabo de tudo, aspirava.

Contudo, assim como era impossível o "divórcio" com a realidade, a "re-união" com o real implicava novamente um grande problema e uma consciência de morte. Ele fez tudo o que pôde para relacionar esses dois mundos, e em suas obras tal tentativa se mostrou de diversas formas, como veremos a seguir.

5. O autor utiliza a expressão *täglichkeit* para a "cotidianidade", em alemão – provavelmente alusão a Freud –, como par antagônico à parafronia (ver nota seguinte).

6. Parafronia: do grego "delírio", "loucura", "estado de delírio histero-hipnótico", segundo o dicionário etimológico de Ramiz Galvão.

2a. Tipo A – Regresso à Realidade

Em *Asas*, o "eu" e a "mulher" representam respectivamente a parafronia e a cotidianidade. "Quem poderia imaginar que este meu quarto, dividido em dois por uma soleira ao meio, fosse, na verdade, o símbolo do meu destino?", esta é justamente a expressão de um mundo interior cindido pela soleira da consciência. O tema deste conto é a tragédia e a agonia de dois universos que não podem se unir e nem podem existir paralelamente.

O personagem principal "eu" passa os dias à toa, longe de todas as coisas do cotidiano (dinheiro, tempo, ambição). De tanto tédio, invade o quarto da esposa quando esta sai e brinca: cheira os cosméticos, brinca de queimar papel com a lupa, busca o cheiro do corpo dela impregnado nas roupas. Este trânsito fatalmente acaba por seduzi-lo ao prazer dos sentidos. A esposa passa a senti-lo como um empecilho à sua atividade comercial (o ato de se prostituir com o objetivo de ganhar dinheiro) – satisfação da cotidianidade –, e por isso acaba por dar-lhe sonífero em vez de aspirina, para que ele não possa mais sair daquele quarto "onde nunca entra o sol". [...]

Mas, por ter experienciado esse trânsito, já não pode mais continuar vivendo em seu estado anterior de total parafronia. Neste paradoxo absoluto em que não é possível nem a união nem a cisão, ele reavalia a si próprio (um ser parafrônico) e à cotidianidade (a esposa) através da aspirina e da adalina: "sentar-me e empreender um cuidadoso estudo sobre minha esposa", "tendo-me feito dormir dia e noite, o que ela andou fazendo por aí enquanto eu dormia?", "sentei-me de qualquer jeito num lugar qualquer, e fiquei a relembrar os 26 anos que já tinha vivido".

Assim, saído do "quarto onde nunca entra o sol" e em meio ao silêncio da colina, ele medita e, finalmente, é impelido pelo desejo de "regresso" à realidade: o desejo pela regeneração de suas "asas". As asas que haviam sido apreendidas pelo beleguim chamado "consciência" eram precisamente asas do vôo de *libération* de si próprio do encarceramento na "consciência sitiada". A regeneração das asas aponta para um possível futuro em que poderá voltar a viver misturando-se à vida humana. Representa a força real capaz de relacionar os dois mundos antagôni-

• 229

cos, prometendo o nascimento de um outro Yi Sán^g, o que realizaria o "Regresso" à realidade. De toda a sua obra, esta é a cena mais emocionante e passional. O instante do renascimento:

> Parei os passos que caminhavam, e quis gritar uma vez
> Assim:
> Asas, brotem novamente.
> Voemos, voemos, voemos. Só mais uma vez, voemos.
> Só mais uma vez, voemos.

2b. Tipo B – A Suspensão/Abolição (*Aufheben*) da Cotidianidade

A esposa Güm-hon^g em *Conto de Encontro e Despedida* – que vai e volta como um cartão-postal – é a personificação, novamente, da cotidianidade. Como prostituta, ela é um ser dominado pelo vazio do cotidiano, entregando-se a freqüentes mentiras e adultérios. Mas aqui, devemos atentar para a generosidade e a cálida tolerância do "eu" perante essa abominável criatura. [...]

Ele compreende o cansaço e a solidão que pairam no rosto da esposa que regressa. Talvez essa gentil compreensão para com o vão cotidiano pudesse eventualmente se desenvolver em direção a uma síntese dialética, sem envolver uma desistência total da realidade. De qualquer modo, não nos passa despercebido o cálido e estranho afeto que paira neste conto.

Suspeitamos que existe alguma outra coisa, pois lembramos que, em outras passagens, Yi Sán^g mostrara uma atitude de solenidade peremptória em relação à esposa desertora, que vai do desprezo irônico à irada repreensão.

Mas, na cena final de *Conto de Encontro e Despedida*, vemos Güm-hon^g e o "eu" docilmente unidos frente à tragédia da vida. São duas figuras postas frente a frente, bebendo numa mesma mesa na noite alta, e que com cantos diferentes se lamentam e se entristecem diante do destino inelutável. Existe a Güm-hon^g, cansada e exausta na sua busca das ambições cotidianas. E existe o "eu", que farto de tanto zombar e odiar a vulgaridade, rompe com tudo e se encarcera na solidão e na incapacidade. Aqui os dois parecem feitos de uma mesma substância. É um raro estado de paz que acontece quando Yi Sán^g, mesmo timidamente, procede a uma suspensão/abolição da cotidianidade no interior de seu mundo.

2c. Tipo C – Resistência em Relação à Cotidianidade

Aranha Encontra Porco é a obra que retrata com a maior precisão e minúcia possível a atitude e consciência do autor em relação à cotidianidade. Os dois personagens principais em nada diferem dos que aparecem em *Asas* e *Conto de Encontro e Despedida*. É novamente o personagem principal no universo da consciência parafrônica, que copiosamente repete o ato de preguiçar dentro do quarto do tamanho de uma meia, tendo fechado uma tampa na vida. E a esposa, que despeja sobre ele notas e moedas de prata toda noite e some sem avisar, é novamente a personificação da cotidianidade.

Da mesma forma que em *Asas*, ele aceita resignado tal vida como um destino. [...] O cheiro da aranha a sugar seu sangue é o gás tóxico que a realidade exala e as pernas da aranha se contorcem no emaranhado da teia do cotidiano. [...]

Mas aqui não se trata de um simples confronto entre eu e a esposa, mas aparecem outros personagens como "o amigo O.", "o cavalheiro gordo", "a garçonete Mayumi", "o diretor da agência A.". São pessoas que também vivem a cotidianidade assim como a esposa, mas com uma diferença. Enquanto esta afina como pua de uma verruma, os outros ficam cada vez mais gordos e ricos. Se os outros são leais escravos do cotidiano, a esposa, humilhada e abusada, é o protótipo do fracasso. E esse "fracasso" é a ponte que permite o trânsito do eu para a realidade. O "eu" experimenta o gosto do dinheiro, imperador soberano do mundo cotidiano, através da esposa, enquanto esta definha feito um arame, esmagada pelo peso do dinheiro, exalando cheiro de aranha. Então, percebe que ele próprio é aranha, o que o leva a um raivoso ceticismo quanto a sua própria parafronia. [...]

Daí, o palpo irado. O palpo é a bandeira da ira e da resistência içada contra o cotidiano travestido de dinheiro. Representa a obstinada opção pela vingança, para ele que só vivia de preguiça. Ele irá humilhar a Mayumi, chamando-a de porca branca, para vingar-se da humilhação da esposa. E assim como fazem à esposa, cuspirá dinheiro sobre ela. E se a esposa rolar pela escada novamente, serão mais 20 *wons* com os quais irá humilhar de novo a Mayumi... Esta é a forma de resistência que encontra para se vingar do dinheiro que o humilha através da esposa.

3. Conclusão

A desesperança e a peculiar "ação" que percorrem toda a obra de Yi Sán[g] revelam a luta para contornar o impasse de dois mundos cindidos. Por diversas formas, Yi Sán[g] tentou levar a cabo a tarefa de libertação de um eu encarcerado no castelo da consciência.

Tudo se deu, porém, no limite da timidez e da inação. Pela falta de um projeto de fôlego e diligente, não podemos esperar de sua obra um universo de unidade e completude. A distância que separava sua consciência e o cotidiano era brutal, não lhe permitindo qualquer forma de compromisso ou fusão. Nem por isso pôde alcançar radical transcendência, e nem tampouco se pôde naturalizar cidadão do mundo real. Viveu um permanente e arfante confronto irresoluto.

Mas a falta de um universo de completude não constitui defeito. Em meio a tantos autores que, autodogmatizando-se em frouxas conclusões levianas e auto-enganadoras, tentam moldar o mundo através da interminável retórica, nós descobrimos nele honestidade. Essa honestidade é o que promete a plenitude de sua obra, e talvez seja o parasselênio, a verdadeira face e cor de sua obra e de sua vida. Embora não saibamos exatamente como era essa auréola lunar, com certeza haveria de ser o lustre a iluminar as bodas de prata celebradas entre a vida que Yi Sán[g] almejava e o seu cotidiano. [...]

A QUESTÃO DO "ENCONTRO" EM YI SÁN[G]

Kim Hyón (1942-1990)[1], 1962

1

[...] É através do "encontro" com o outro que o humano se torna humano. Sabemos que Robinson Crusoé, ainda que numa ilha deserta, estava realizando o "encontro" com o humano. Mas existem humanos que vivem um mundo do "encontro" inexistente. É o rosto monstruoso de Merceau, é a metamorfose de Samsa, que nos aguçam intensamente à questão.

Mas dizem-nos: Robinson Crusoé não existe. Mesmo ao fitar os olhos da mãe, ou quando ouvimos palavras cálidas de um amigo, vislumbramos, indefesos, que existe uma separação fundamental, que a linguagem deles já não é a nossa linguagem. É quando Merceau e Samsa apelam a nós intimamente. Robinson Crusoé é uma farsa e não existe o encontro do humano com o humano: é nesse nó que o autor moderno respira e registra a sua linguagem ensangüentada. O rosto agoniado do autor moderno é o do divórcio e da perda do possível encontro.

[...]

Tateemos agora Sán[g], que, nessa paisagem erma, experimentou o mais radical divórcio e a mais rigorosa solidão e que, por isso, teve de escrever. [...]

---

1. Crítico literário, especializado em literatura francesa, com graduação e pós-graduação pela Universidade Nacional de Seul. Foi importante divulgador dessa literatura e defensor da consciência libertária na atividade literária. Foi editor de importantes periódicos, entre os quais *Intelecto & Literatura*.

2

On ne sort pas; – c'est un tort. D'ailleurs on ne peut pas sortir; – mais c'est parce que l'on ne sort pas. – On ne sort pas parce que l'on se croit déjà dehors. Si l'on se savait enfermé, on aurait du moins l'envie de sortir[2].

ANDRÉ GIDE

A questão do "encontro" parte da consciência de se estar aprisionado. Gregory Samsa é tomado pelo desejo de se encontrar com o humano quando entende que está aprisionado no quarto, metamorfoseado em inseto. E Merceau tenta se encontrar com Marie nas paredes da cela, enquanto olha pela janela que dá para o mar.

A obra de Sán[g] também parte deste conscientizar-se do aprisionamento. [...] O seu ponto de partida é o fato de ter nascido do lado de fora da porta trancada[3].

E, na busca do encontro com o humano, ele dá adeus a Kim He-kyón[g], seu nome de nascença. Embora muitos vejam na troca do nome um inevitável escárnio em relação à vida do senso comum e da moral, também deve ser verdade que, neste ponto inicial, ele tenha sentido a si próprio como um ser aprisionado – o que seria isso senão uma caixa? –, descobrindo um "eu" enclausurado dentro de uma caixa. O *Olho-de-Corvo* é um documento de descoberta deste homem aprisionado (lembremos dos incontáveis vilipêndios contra o *Olho-de-Corvo*, porque provavelmente seria, para muitos, insuportável). No Poema n. 4 descobrimos que Kim He-kyón[g] e Sán[g] são duas linhas paralelas que jamais se encontram, cada um enclausurado em si. Sán[g] sabe que está aprisionado. Ele conhece o divórcio, a solidão absoluta da condição humana.

Na tentativa de buscar o "encontro", ele teve de correr por "rua fechada", mesmo sabendo que acabaria em fracasso. Vemos em Sán[g] a mesma honestidade de Gide. [...]

---

2. "Não se sai, – é um erro. Ademais não se pode sair; – mas é porque não se sai. – Não se sai porque se acredita já estar do lado de fora. Se nos apercebêssemos da clausura, teríamos ao menos o desejo de sair."

3. Referência ao poema da nota 4, p. 226.

3

O desejo de realizar um encontro com o outro que não eu, este é o fluxo fundamental de toda a obra de Yi Sán[g].

Mas num mundo em que, junto com a morte de Deus, o encontro do humano com o outro também interditou-se, Yi Sán[g] indagava da possibilidade desse encontro, enquanto outros diligentemente acreditavam estarem do lado de fora. [...]

Nos seus contos, o outro com quem Yi Sán[g] deseja e necessita encontrar-se é sempre uma mulher. Naturalmente, é a mesma tentativa de tantos outros autores modernos, que se deparam com a questão do encontro através do sexo. Mas o encontro em Yi Sán[g] não é redutível ao sexo, da mesma forma que a questão da vida não é resolúvel somente pelo alimento.

> Vinte e três anos – março – hemoptise. [...] Güm-hon[g] foi o que encontrei ali.
>
> *Conto de Encontro e Despedida*

O ritmo é apressado, de quem precisa ir direto ao ponto. É a respiração de Yi Sán[g] que fica ofegante, ao se descobrir aprisionado na caixa. Ele não tem mais tempo. [...]

Mas a sua busca é em vão. Neste conto, o encontro verdadeiro é interditado pela interposição de outros rostos entre ele e Güm-hon[g]. São também experiências amargas as que estão relatadas em *Asas* e *Aranha Encontra Porco*. Em *Asas*, por exemplo, tem-se apenas o "eu" e a "esposa", seres sem nomes, representantes autênticos de todos aqueles que buscam o encontro. [...]

Em *Asas*, entramos em contato com a consciência de Sán[g], de dois rostos dentro de um quarto cindido. Existe o eu e o outro. O "eu" habita a parte interna do quarto e o outro o lado de fora, de modo que o "eu" só conhece a vida através do encontro com este outro. A sua tentativa de se encontrar com a mulher é a busca do encontro com a alteridade, que o levará ao mundo e aos outros, pois é ela quem trava relações com o mundo. E essa tentativa ele a perfaz invadindo o quarto dela enquanto está ausente, e buscando-a no cheiro de suas roupas e cosméticos. Quando ela retoma, ele volta para o próprio quarto.

Na percepção de Sán^g, o encontro não existe. Trata-se de uma exclusão mútua. [...] A aspirina e a adalina constituem o confronto irônico desses dois rostos. O "eu" que tomava aspirina – com isso acreditando na realização do encontro – descobre que, na verdade, está ingerindo adalina – a realização do oposto. Yi Sán^g invariavelmente encontra uma rua fechada.

[...]

4

O universo de Yi Sán^g é de fato o universo de todos nós – da busca de um encontrar-se com o outro. Mas o olhar desesperançado para esse "eu" que sempre fracassa é o rosto de Sán^g e de todos nós.

Assim, enquanto o encontro humano não se concretizar, a obra de Sán^g será eterna, lembrando a todos nós deste espernear desesperado de quem amargou a derrota até o fim. A sua obra dirá a todos: aqui há o rosto de um homem que buscou o encontro lacerando a carne viva. E para aqueles que são incapazes de desistir do encontro mesmo sabendo da sua virtual impossibilidade, a obra de Sán^g lançará uma luz de ofuscar os olhos. A obra de Sán^g cumpre, assim, a sua tarefa.

Mas haverá um dia em que veremos brotar um sorriso no rosto dilacerado de Sán^g. Quando vislumbramos um possível caminho para o encontro, Sán^g, no subsolo, esboçará um sorriso. E dirá, tomando emprestadas as palavras de Kafka: que mesmo na desesperança sempre haveria de ter um caminho.

PARA OS LEITORES DESTE VOLUME

Yi Bo-yón[g], 1982

1

A obra de Yi Sán[g] é literatura de resistência: anti-humana, anticotidiana, antiarte. Mas este "anti" era resultado da busca de uma relação com o homem, a vida cotidiana e a arte. [...]

Yi Sán[g] foi um autor autoconsciente ao absoluto. A técnica de escrita automática em *Aranha Encontra Porco* é produto de um mecanismo de alta precisão chamado autoconsciência. Não é possível que ele não estivesse consciente do paradoxo de sua obra, anti-humana demasiadamente humana. O seu ato criador era um ato de auto-insurreição consciente. Por isso, vemos, em *Conto de Encontro e Despedida* e *Conto de Vida Finda*, palavras de remorso por ter feito literatura. Em suas obras, misturam-se a síndrome de gênio, o impulso criminoso, a megalomania, a culpa pela perversa resistência, o remorso, o senso de humanidade cheio de humor. [...]

Dois elementos importantes na prosa de Yi Sán[g] são o dinheiro em meio à pobreza e a mulher (esposa) sempre eólica, diante dos quais mostra o desprezo que esconde o ódio e a revolta, e que é expresso através do escárnio e da auto-ironização.

No caso do dinheiro, a ironia aparece como a desvirtualização da função do dinheiro como vingança contra a humilhação da pobreza. É o desejo de vingança que move o personagem principal do *Aranha Encontra Porco* quando dá a metade da indenização da esposa para Mayumi; ou quando em *Asas* o marido devolve o dinheiro à esposa como se este fosse um brinquedinho, o mesmo dinheiro que ela lhe dera para que ficasse bem quietinho enquanto trabalhava (prostituía-se).

Por outro lado, a sua atitude em relação à esposa que vai e volta como "cartão-postal" é dúbia, entre submissão e resistência. A indiferença para com ela ora aparece como submissão de um parasita que apanha sem reagir, ora é expressa na forma de tímida resistência, através do ato de dormir dia e noite e de deixar a cargo da esposa o ganho do sustento (é a pesquisa que diz realizar dentro das cobertas em *Asas*).

O motivo fundamental dessa resistência é que o "eu", ainda que viva com o dinheiro da venda do corpo da esposa, é moralmente conservador, a dizer "a fidelidade não é uma interdição, mas, sim, ética"[1]. Entretanto, estranhamente, Yi Sán^g faz apologia à infidelidade: "a imoralidade tem um quê de nobre e é deveras prazerosa"[2]. Por que o paradoxo? Yi Sán^g é um incapaz na vida. A esposa sai precisamente para ganhar a vida. Suspeita da infidelidade dela sem poder externar essa dúvida, na condição de parasita. Prefere a auto-ironização, fazendo-se de marido chifrudo, que vende a esposa. Mas ele vai além, literalmente abstraindo a imagem da esposa: sonha com uma mulher pura, ideal e primitiva, fantasia as saídas da esposa. A mulher em Yi Sán^g é uma idéia, pertence ao imaginário. [...]

2

Aranha Encontra Porco comprova o conceito moderno de que a arte é uma forma expressiva. [...] O espaço desta obra é de enclausuramento, o quarto. Um "quarto que só tem quarto". É o papel quadriculado da agência A., é um mundo onde estão emaranhados interesses diversos.

O enredo é simples. Um dia, no Café R., o diretor da agência A. chama a garçonete Namiko de "magrela" e esta retruca chamando-o de "porco branco". O diretor zangado a empurra escada abaixo. Os dois vão parar na delegacia e o caso é encerrado com uma indenização do diretor a Namiko. Enquanto isso, o personagem principal, marido de Namiko, um desocupado que vive de dormir, viaja a In-tchón para visitar o amigo O., funcionário da agência A. De volta, corre para o Café R. levando os 20 *wons* de indenização, com a intenção de consumir 10 *wons* em bebida e dar o resto de gorjeta a Mayumi, amante de O., chamando-a de "porca branca".

O personagem principal e Namiko são aranhas; o dinheiro também é aranha, que suga o sangue do casal; o próprio quarto onde o casal suga o

---

1. Em *À la Século 19*, crônica, não incluída neste volume.
2. Em *Conto de Vida Finda*, não incluído neste volume.

sangue mutuamente é também aranha. As pessoas são, mutuamente, aranhas. Quando Namiko rola escada abaixo, é uma pessoa da classe inferior que é humilhada por alguém da classe superior. A agência A. é uma sociedade anônima, representante do capitalismo avançado em que a transação comercial não é mercantilista, mas, sim, informacional, com dados contidos em papéis quadriculados. Esse caráter a-humano é simbolizado pela denominação "diretor", um nome que não é nome para o diretor da agência A. [...]

A queda de Namiko é a curva descendente no papel quadriculado da agência A., e é a medonha vida real que invade o quarto do cotidiano letárgico do personagem principal. A queda é o choque das relações humanas cruéis e injustas. O personagem principal quer revidar em sua ira, mas não o pode contra o sujeito da camada superior, limitando-se a fazê-lo para com uma inocente mulher da classe inferior, Mayumi.

Ao lado da simbologia de uma consciência social ácida, o conto mostra a técnica simbólica de um senso formal elaboradíssimo de Yi Sán[g]. Os acontecimentos em *Aranha Encontra Porco* são produto de uma competição acirrada pela sobrevivência que tem lugar dentro do espaço opressivo da obra estruturada por um empilhamento de palavras sem brecha, como que asfixiantes. O espaço enclausurado do quarto e das sentenças representa a falta de espaço na vida cotidiana cheia de intenções veladas. Temos aqui uma correspondência íntima entre o tema e o estilo.

Este conto mostra, como em outras obras de Yi Sán[g], a sua inocência fundamental. Quanto mais turvo e sórdido se mostra o mundo, mais se deixa penetrar de humor: "Ao lado da árvore de natal a vitrola soou limpamente", "é aqui que é manhã?" ou "a esposa levava esse lixo pesado bem tarde da manhã – quatro horas da tarde – para o quintal lá embaixo e aproveitava pra tomar sol pelos dois inclusive por ele e voltava pro quarto". Esse humor tem origem na pueril inocência de Yi Sán[g]. [...]

O anti-humano e o anticotidiano em Yi Sán[g] são resultado de uma ardente saudade do humano e da vida, expressa neste conto através da imagem de enchente – metáfora do caos que mistura sexo e discussões por causa da prostituição e da pobreza do casal-aranha – como se lê: "No quarto toda noite era enchente". Após a humilhação da esposa pelo diretor, a enchente seca: "Noite – a primeira noite depois das chuvas se exaurirem – era uma noite incrivelmente seca".

3

O personagem principal de *Asas* é uma criança grande. Contra a falta de sentido da vida, Yi Sán[g] adota a visão de uma criança que desconhece o mundo. Obviamente é um disfarce, e resulta naquela paisagem mental estranha e complexa. Por ser criança, gosta de brincar, e os seus brinquedos são os cosméticos, o lenço de papel, o cofrinho e até o dinheiro. Mas essa criança tem repugnância do mundo ao qual essas coisas pertencem, respondendo com tédio e sonolência (é natural para uma criança que se lembre de Mozart, Malthus, Marx).

Essa mistura de brincadeira infanto-lúdica e repugnância é a mesma que ele leva a efeito para com a esposa e o dinheiro. Ele é indiferente à esposa e no entanto a teme, porque ela é a vida cotidiana. O dinheiro que a esposa lhe dá vem de uma transação comercial, mas como criança desconhece a utilidade mundana do dinheiro e o devolve à esposa. É uma cândida saudade do ser humano. [...]

No entanto, apesar da tentativa de burlar o temor e a repulsa crítica para com o cotidiano através da ironia infanto-lúdica, a cotidianidade, ao final, ainda lhe persegue. É o caso da adalina. Talvez a esposa estivesse querendo eliminar aos poucos o empecilho ao seu comércio. Aterrorizado com uma esposa com quem não se entende, o "eu" deseja, no topo da loja de departamentos, uma asa que lhe permita se libertar desse mundo. Mas esse anelo é, mais uma vez, um anelo de criança, regredida na sua consciência, e, por isso mesmo, ardente.

Em Yi Sán[g] não há elementos emotivos como inveja, ciúme, ódio, rancor obsessivo, ou desculpas esfarrapadas. Seu caráter é fundamentalmente bondoso e cândido. Contra o mundo, prefere ser uma criança, zombando de si mesmo para zombar das cruéis relações humanas. Mas o seu texto está longe de constituir uma prosa satírica, uma vez que a zombaria e a auto-ironização não são impudicas, audaciosas, virtuosas, mas tenras e frágeis. A criança de *Asas* carrega uma falha chamada autoconsciência, uma falha delicada, que deixa entrever um cantinho melancólico. Nós nos compadecemos e esboçamos um sorriso diante à sua tentativa de escondê-la. [...]

Mas Yi Sán[g] guardou, até o fim, um pacto pessoal: o auto-escárnio. Acima do menosprezo e da zombaria dirigidos ao outro e ao mundo, endereçou-os para si mesmo em primeiro lugar. Ele não gosta do rancor. Não há desculpas. Se não gosta do mundo, dorme. Se tem medo da esposa, esconde-se nas cobertas. Na cartada final, enterra vivo a si próprio. Yi Sán[g] é puro.

Yi Sán[g], que experimentou o fracasso todas as vezes que buscou uma harmonia interna e uma ordem na vida, agravou seu autismo e, na sua tímida resistência, teve de escrever uma literatura do anti-humano, do anticotidiano e da antiarte.

· APÊNDICE ·

O ALFABETO COREANO, OS IDEOGRAMAS CHINESES E A ROMANIZAÇÃO

1. A criação do hangül[1]

Não se tem notícia de um outro sistema de escrita que tenha sido deliberadamente criado e promulgado para uso de um povo, por autores e em data precisamente conhecidos. O alfabeto coreano, o *hangül*, de 11 vogais e 17 consoantes – hoje, usam-se 10 vogais e 14 consoantes básicas –, idealizado pelo Rei Sejon[g], o Grande (1397-1450), foi desenvolvido por um grupo de estudiosos ao longo de três anos. Concluído em 1443, o *hangül* foi promulgado em 1446, sob a denominação "Sons corretos para serem ensinados ao povo"[2], título que merece uma pequena reflexão. Primeiro, por que "som", se estavam sendo criados grafemas?

O semi-isolamento peninsular propiciou o desenvolvimento de uma cultura muito particular na península Hán, onde se situa a Coréia[3]. Embora na zona de influência do império chinês, a identidade cultural coreana se preservou nos costumes, culinária, vestimenta, e, é claro, na língua – falada –, língua da família altaica que guarda parentesco com o mongol e o japonês, mas não com o chinês.

No entanto, quando se tratava da cultura letrada – com tudo o que ela traz, como filosofia e religião, as formas do conhecimento por excelência na época – a moeda corrente eram os ideogramas chineses, privilégio das classes dominantes. Pode-se dizer que os letrados coreanos eram bilíngües, falando uma língua – a coreana – e lendo e escrevendo uma outra – o chinês –, dois raciocínios sintáticos distintos. Assim como acon-

---

1. A romanização "ü" é de um som próximo do "ü" em língua alemã.
2. Em coreano: Hun-min-jón[g]-üm. Ver Ilustração 1 (p. 247) do documento original, redigido em ideogramas chineses; e a Ilustração 2 (p. 248) do mesmo documento traduzido para o coreano no ano seguinte.
3. O nome da Coréia é Hán-gu[k], onde "gu[k]" significa "país" em sua etimologia chinesa, e "Hán" é o nome da península coreana.

tecia com o latim no mundo das línguas românicas, o conhecimento dos ideogramas era sinônimo de erudição, e, assim como sucede com o inglês, que possui vocabulários de origem germânica e latina, o uso do vocabulário de origem chinesa era sinônimo de refinamento intelectual.

Com diferenças, é claro, esta concepção perdurou até pouco tempo atrás. Somente a partir da década de 70 deste século é que se intensifica, na Coréia, um movimento em prol da sobrevalorização da língua e cultura nativas[4]. Como resultado, a disciplina Ideogramas Chineses chegou a ser abolida do currículo ginasial e colegial, estando hoje recuperada na forma de disciplina optativa. Quanto à possibilidade da escolha – o vocabulário coreano possui duas vertentes: o nativo e o de origem chinesa, este último calcado nos ideogramas – a opção pelo vocabulário nativo vem ganhando espaço cada vez maior, conferindo ao usuário um ar ao mesmo tempo moderno e autêntico, contra um passado lingüística e culturalmente colonizado. Obviamente, esta libertação só foi possível graças à existência de uma escrita própria eficiente, que reflete, por sua vez, uma língua completa e independente, de fato capaz de prescindir dos ideogramas chineses.

O Rei Sejon[g], o Grande, um monarca erudito[5], compreendeu o hiato entre a escrita e a fala e idealizou um sistema de escrita que representasse os sons da linguagem oral coreana. Daí o nome do projeto. Ou seja, ele idealizou um alfabeto fonético, de sinais que representassem fonemas isolados, até então desconhecido no Extremo Oriente[6]. Os ideogramas chineses, por serem ideo-gramas e picto-gramas, guardam um alto grau de dependência para com a tradição oral, para

---

4. Obviamente, tratou-se sempre de um processo. Durante a ocupação japonesa também houve uma preocupação nesse sentido, principalmente enquanto um movimento de resistência cultural. A "nova poesia" que surge no início do século, escrita somente em coreano, é prova disso.

5. Os documentos históricos afirmam que foi o próprio rei a criar as letras do alfabeto. Erudito como era, é possível que tenha participado ativamente. A título de exemplo: o Patrimônio Cultural Intangível n. 1, instituído pelo governo coreano, é a música executada nos rituais em homenagem aos reis da Dinastia Yi (1392-1910), na qual se incluem duas composições do próprio Rei Sejon[g]. Além disso, as partituras dessas obras também foram desenvolvidas sob a batuta do Rei, sendo conhecidas como as primeiras notações musicais do Extremo Oriente.

6. Só para ilustrar, a escrita japonesa se vale de um silabário e outras línguas como khitan e jurchen, derivadas dos ideogramas chineses, também não utilizam alfabetos fonéticos.

que continuem sendo lidos. Uma vez perdido o elo com a tradição, seria impossível recuperar a pronúncia de cada ideograma.

Poeticidade à parte, a escrita chinesa era, sem dúvida, elitista pela dificuldade gráfica e etimológica[7]. Além disso, a não-correspondência, sintática e fonética, entre a língua falada e a língua escrita oferecia uma dificuldade extra aos coreanos. Assim, com o projeto "Sons corretos para serem ensinados ao povo", o Rei Sejong idealizava permitir o acesso geral – pois o seu público-alvo era o grande povo – à educação letrada. A medida é surpreendentemente "democrática", levando-se em consideração a época – lembremos de Maquiavel (1469-1527) –, tanto é que grande parte dos intelectuais se opuseram fortemente à sua implantação, alegando degradação da cultura letrada.

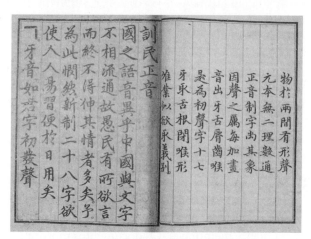

Ilustração 1: O original do *Hun-min-jóng-üm*.

Mas o *hangül* vinga, e num ritmo assustador. No ano seguinte à promulgação, o rei já contava com tipos metálicos para impressão dos caracteres coreanos, e dois anos mais tarde, em 1448, seria publicado o dicionário de pronúncia coreana. Hoje, pode-se dizer que vinga também o espírito da criação do *hangül*: a Coréia alcança um índice de alfabetização de 100% já há algum tempo, e a sede da UNESCO em Paris passou a

---

7. O estudo da etimologia dos ideogramas compreendia, verdadeiramente, a educação letrada, uma vez que era menos gramatical do que filosófico.

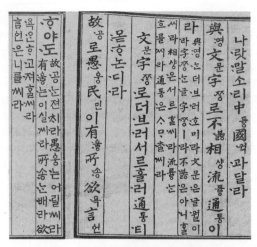

Ilustração 2: O *Hun-min-jóng-üm* traduzido para caracteres coreanos.

oferecer anualmente o Prêmio Rei Sejon^g para personalidades ou organizações que contribuam para a erradicação do analfabetismo no mundo.

2. Rei Sejon^g, o Grande, e a fúria documental

O Rei Sejon^g, o Grande, quarto rei da Dinastia Yi, resumia em si o ideal confucionista – sobre o qual se baseara a instituição da Dinastia – de um governante dotado de virtude e erudição. A sua voracidade pelo registro foi realmente memorável. Os documentos mostram que a tipografia foi criada na Coréia pela primeira vez cerca de duzentos anos antes que a de Guttemberg, mas que havia sido deixada de lado. O Rei Sejon^g irá recuperar a técnica, ordenando a criação de novos tipos metálicos, que foram utilizados na impressão de preciosos documentos de valor incalculável, num movimento francamente antimonopolizante do saber. O mesmo espírito se estendia para outros campos: talvez tenha sido o primeiro monarca a instituir uma ouvidoria em que os governantes locais colhiam opiniões do povo sobre a imparcialidade do sistema fiscal relativo à terra.

Assim que subiu ao poder, o Rei Sejon^g, o Grande, instituiu a Casa dos Sábios, composto de estudiosos designados para empreenderem pes-

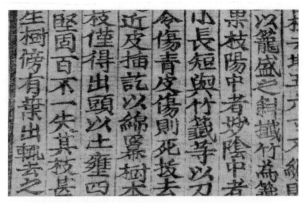

Ilustração 3: Compêndio de Agricultura, século XV.

quisas em variados campos. São do seu reinado (1418-1450) o observatório celeste, o relógio de água, o relógio de sol, o pluviômetro, além de grandes avanços em técnicas agrícolas. O mais importante, porém, foi a sua preocupação documental: o Compêndio de Agricultura, contendo técnicas agrícolas, cujas cópias foram enviadas aos governantes locais ao norte da península, região até então pouco explorada para a agricultura; a recompilação sistematizada das praticas médicas nativas (1431), além de

Ilustração 4: O tipo metálico So^{k}po-sán^g-jól.

registros médicos, principalmente em pediatria e ginecologia; um sistema de notação musical, com o qual deixou registradas suas próprias composições; documentos históricos e geográficos.

A ilustração 4 é um exemplo de documento impresso com os primeiros tipos metálicos[8] em *hangül*, de 1447, chamado *Sokpo-sáng-jól*. Vemos nele a escrita coreana, os ideogramas e a indicação de leitura dos ideogramas por meio de cáracteres coreanos.

3. O alfabeto coreano e o princípio de montagem silábica

O documento original do "Sons corretos para serem ensinados ao povo", o *Hun-min-jóng-üm*, é um verdadeiro tratado de fonética e ortografia que explica o motivo da criação, os princípios, os detalhes da utilização, e dá exemplos de funcionamento do *hangül*; e começa dizendo:

> Os sons do nosso idioma diferem dos do chinês, e não podem ser facilmente transmitidos por meio dos ideogramas chineses. Muitos entre os não-ilustrados, ainda que desejem expressar seus sentimentos por escrito, não o podem. Compadecendo-me desta situação, idealizei 28 novas letras. Desejo apenas que o povo possa aprendê-las facilmente e usá-las convenientemente na sua vida diária.

Quanto aos caracteres, o *Hun-min-jóng-üm* esclarece que as letras criadas são hieroglíficas – icônicas, diríamos hoje –, com as consoantes imitando a conformação dos órgãos fonadores ao articular aquele som. As vogais, por sua vez, seriam combinações de três conceitos traduzidos iconicamente: o céu (•)[9], a terra (—) e o homem (ǀ). A adoção de padrões gráficos totalmente diferentes para as vogais e para as consoantes é outro fator de grande prestígio do *hangül* entre os lingüistas, pois evidencia a sistematicidade da sua concepção.

---

8. Este exemplo provavelmente utilizou tipos de latão fundido. A tipologia utilizada até então imitava a caligrafia chinesa, e o *So^kpo* viria a estabelecer um novo padrão tipológico, com um *design* mais "limpo", diferente do padrão caligráfico, mais apropriado para textos impressos.

9. Este elemento vocálico já está extinto. Observe-se que o documento afirma ser o céu uma esfera. Nessa época, a astronomia era um dos campos bastante desenvolvidos na Coréia.

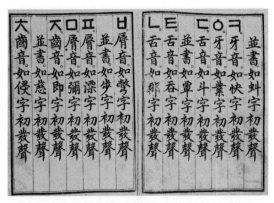

Ilustração 5: O *Hun-min-jóng-üm*: no alto, vêem-se letras coreanas, seguidas de explicações (em ideogramas) sobre o som e o uso de cada um.

O princípio básico da escrita coreana é o que poderíamos chamar de "montagem silábica". As letras são literalmente "montadas", qual um "lego", dentro de quadrados imaginários – uma sílaba – num sistema tripartite, que o documento original chama de: som inicial, som médio e som final – hoje, denominamos os três sons, respectivamente, consoante inicial, vogal e consoante final. Por exemplo, numa sílaba como "pam", o som inicial será "p", o som médio "a" e o som final "m". A menor combinação possível é de dois sons, o som inicial e o médio, como em "pa". Assim, para grafar o som "a", por exemplo, precisaremos de, no mínimo, dois elementos; no caso, uma consoante neutra e a vogal correspondente a "a".

A montagem das letras dentro de um quadrado imaginário segue uma regra direcional básica: da esquerda para a direita e de cima para baixo. É curioso como o princípio de montagem ideográfica foi transposto para uma montagem fonética: enquanto a montagem ideográfica resulta numa idéia, a fonética redundará numa sílaba. Em outras palavras, o alfabeto é fonético, porém a escrita é silábica.

4. A Problemática Romanização

Em termos mais específicos, diz-se que o *hangül* é um sistema fonêmico e não exatamente fonético. Em termos práticos, isso signi-

Consoantes básicas	Consoantes dobradas
ㄱ	ㄲ
ㄴ	
ㄷ	ㄸ
ㄹ	
ㅁ	
ㅂ	ㅃ
ㅅ	ㅆ
ㅇ	
ㅈ	ㅉ
ㅊ	
ㅋ	
ㅌ	
ㅍ	
ㅎ	

Vogais básicas	Vogais combinadas
ㅏ	ㅐ (ㅏ+ㅣ)
ㅑ	ㅒ (ㅑ+ㅣ)
ㅓ	ㅔ (ㅓ+ㅣ)
ㅕ	ㅖ (ㅖ+ㅣ)
ㅗ	ㅘ (ㅗ+ㅏ); ㅙ (ㅗ+ㅐ); ㅚ (ㅗ+ㅣ)
ㅛ	
ㅜ	ㅝ (ㅜ+ㅓ); ㅞ (ㅜ+ㅔ); ㅟ (ㅜ+ㅣ)
ㅠ	
ㅡ	ㅢ (ㅡ+ㅣ)
ㅣ	

fica que um caractere pode ser lido de formas diferentes, dependendo da sua posição na palavra, uma mesma letra adquirindo matizes distintos de acordo com as letras que a circundam. Por exemplo, a primeira consoante do alfabeto, ㄱ, pode ser romanizada por g, k, ou q. É de imaginar, portanto, a dificuldade de instituir uma tabela de romanização. Além disso, o sistema tripartite se vale de muitas consoantes, de modo que uma romanização corre o risco freqüente de resultar numa sopinha de letras. O mesmo vale para as vogais: com 10 vogais básicas e 11 combinadas, abundam tritongos.

É estranho, e até embaraçoso, afirmar que ainda não existe uma tabela oficializada para a romanização do coreano. O que se tem é um verdadeiro território sem lei, onde cada um adota aquilo que lhe parece mais próximo. Como já foi observado, o sobrenome Yi pode aparecer como Lee, Yie, Rhee, Ih, só para citar as opções mais corriqueiras.

Existem, basicamente, dois sistemas de transliteração dos caracteres coreanos, tendo como alvo o leitor de língua inglesa, não havendo tabelas de transliteração específicas para outras línguas. A romanização, tanto pela tabela McRoe quanto pela MOE, é falha e problemática, pelos motivos citados acima. No caso da primeira, devem ser usados sinais diacríticos inexistentes em programas de computador, além de requerer uma certa "aprendizagem" para fim de leitura. A tabela MOE não usa sinais diacríticos especiais, porém guarda a dificuldade fundamental já citada.

Para este volume, foi adotada uma romanização própria, passando ao largo do conceito de sistematização, e preferindo a transliteração do vocábulo como um todo e não das letras ou sílabas separadamente, o que exigiu também o uso de acentos tônicos. O público-alvo é o leitor de língua portuguesa, tarefa difícil pela radical diferença dos padrões sonoros e, principalmente, pela pouca variedade da fala brasileira quanto à consoante final. Com isso, corremos a risco de obliterar nomes já consagrados, como "Seul" ou "Kim", casos que foram, na medida do possível, respeitados. Assim, a tabela de romanização apresentada a seguir tem apenas o objetivo de fornecer ao leitor o elenco fonético da fala coreana[10], e que não vale como uma tabela de transliteração dos vocábulos.

10. Para a elaboração dessa tabela, contei com a valiosa colaboração do Prof. Aleksandar Jovanovitch.

Tabela de Romanização dos Caracteres Coreanos

CONSOANTES	Adaptado do sistema MOE			VOGAIS	Adaptado do sistema MOE
	Posição inicial no vocábulo	Posição média no vocábulo	Posição final no vocábulo		
ㄱ	k	g, k	g, k	ㅏ	a
ㄴ	n	n, (l)	n	ㅑ	ya
ㄷ	t	d, t, (j)	t	ㅓ	ó
ㄹ	l, r, (n)	l, r, (n)	l	ㅕ	yó
ㅁ	m	m	m	ㅗ	o
ㅂ	p	b, p, (m)	b	ㅛ	yo
ㅅ	s	s	t	ㅜ	u
ㅇ	*	*	n^g	ㅠ	yu
ㅈ	j	j	t	ㅡ	ü
ㅊ	tch	tch	t	ㅣ	i
ㅋ	k"	k"	k	ㅐ	é
ㅌ	t"	t", ch	t	ㅒ	yé
ㅍ	p"	p"	p, b	ㅔ	e
ㅎ	h	h	t, *	ㅖ	ye
ㄲ	kk	kk	k	ㅚ	oe
ㄸ	tt	tt	t	ㅘ	wa
ㅃ	pp	pp	p	ㅝ	wó
ㅆ	ss	ss	t	ㅙ	wé
ㅉ	tj	tj	t	ㅞ	we
				ㅟ	wi
				ㅢ	üi

*: valor fonético nulo
( ): em casos excepcionais

5. Os ideogramas chineses na escrita coreana

A escrita chinesa, como fonte rica das práticas do conhecimento – filologia, filosofia, poesia, caligrafia – foi absorvida por todo o Extremo Oriente e, como é de esperar, adaptada de acordo com o uso local. As línguas japonesa e coreana, línguas aparentadas entre si, mas não com o chinês, absorveram de forma maciça a riqueza dos ideogramas.

Sabe-se que a escrita japonesa é formada por caracteres silábicos estilizados a partir de ideogramas chineses. Além disso, os ideogramas fazem parte orgânica do texto, desempenhando o papel de peças-chave, de modo que a escrita japonesa – o *hiragana* – tem um papel basicamente gramatical-sintático, funcionando como um "cimento" que aglutina os elementos lexicais representados por ideogramas chineses. É conhecida a dificuldade do aprendizado da língua japonesa com os seus três sistemas de escrita: o *hiragana* (o silabário japonês), os *kanjis* (os ideogramas chineses) e o *katakana* (silabário para grafar nomes estrangeiros).

No caso da língua coreana, como já foi mencionado, o princípio de montagem ideográfica chinesa foi absorvido na forma de montagem fonética. E durante muito tempo a escrita coreana também serviu de elemento de aglutinação da sentença em que vocábulos grafados em ideogramas eram as peças-chave. Com o tempo, porém, percebeu-se que a substituição dessas palavras por escrita coreana não deixava grandes margens para interpretações errôneas, salvo exceções, é claro. A partir de então, o uso dos ideogramas foi-se enfraquecendo ano após ano, notoriamente a partir da década de 70.

Uma vez que a fala chinesa é tonal, os ideogramas chineses acabaram por receber leituras locais no coreano e no japonês, duas línguas não-tonais. Resultado: ideogramas chineses que difiram somente no tom passaram a ter uma mesma pronúncia no coreano, provocando uma homofonização muito comum. Trocando em miúdos, diferentes ideogramas passaram a ter a mesma pronúncia, a exemplo do nome Yi Sán[g].

O gradual abandono dos ideogramas chineses – como escrita – acabou, então, por resultar num gradual abandono do léxico de origem chinesa, pois este era repleto de homófonos, diferentes quando escritos em ideogramas, mas homógrafos e homófonos na escrita alfabética coreana. É claro que essa característica foi e continua sendo ricamente aproveitada por poetas em jogos de palavras. No entanto, há uma outra questão envolvida: a sonoridade. Da passagem de uma língua tonal para uma não-tonal, perdeu-se a riqueza sonora, e os ideogramas permaneceram na língua coreana como apenas portadores de conceitos em detrimento da orquestração que lhes é própria, em contraste com o vocabulário nativo coreano, ricamente sonoro. E é justamente essa música da fala autêntica que vem sendo recuperada nas últimas décadas.

Yi Sán[g] viveu numa época em que o uso dos ideogramas era abundante. Os poemas do *Olho-de-Corvo* contêm muitos desses caracteres chineses, sem os quais um leitor coreano teria a compreensão comprometida. O mesmo ocorre na brincadeira com seu nome de guerra, com o título do conto *Aranha Encontra Porco* e em muitos outros casos. No entanto, neste volume, utilizou-se como ponto de partida apenas a escrita coreana, a não ser em casos específicos que requeressem o cotejo com os ideogramas chineses.

6. A escrita particular de Yi Sán[g]

Na maioria de suas obras, Yi Sán[g] ignora o espacejamento sintático que separa os núcleos frasais numa oração, compostos normalmente de dois elementos, um lexical e outro gramatical. Resulta então um texto com uma escrita corrida que causa, certamente, estranhamento na leitura. Mas, diferentemente do que possa parecer, não é tão difícil de ler, uma vez que existem microespaçamentos naturais entre uma montagem silábica e outra na escrita coreana.

O procedimento não poderia ser transposto sem alterações para a tradução, já que uma escrita corrida em português provocaria uma dificuldade além daquilo que o original oferece. Por isso, para a tradução, foram utilizadas soluções diferentes de acordo com a dificuldade envolvida: ora optou-se por uma escrita corrida, ora optou-se por separações silábicas em todo o texto; e ainda, no caso de *Aranha Encontra Porco*, buscou-se uma solução mediana, formando-se pequenos núcleos corridos de leitura, como que respeitando o ritmo respiratório por um lado e amenizando a dificuldade de compreensão por outro. Houve também uma preocupação com o léxico utilizado, fugindo-se de combinações de palavras que comprometessem a fluência da leitura.

YUN JUNG IM, bacharel em Química pela USP, mestre em Literatura Coreana Moderna pela Universidade de Yonsei, Seul, e doutora em Comunicação e Semiótica pela PUC-SP. Ministra o curso "Língua e Cultura Coreanas", de difusão cultural, oferecido pelo Departamento de Línguas Orientais, USP. Publicou *O Pássaro que Comeu o Sol – Poesia Moderna da Coréia* (São Paulo, Arte Pau-Brasil) e *Sijô, Poesiacanto Coreana Clássica* (São Paulo, Iluminuras) este em colaboração com Alberto Marsicano.

e-mail: yunim@originet.com.br

COLEÇÃO SIGNOS

1. *Panaroma do Finnegans Wake*
Augusto e Haroldo de Campos
2. *Mallarmé*
Augusto de Campos, Décio Pignatari, Haroldo de Campos
3. *Prosa do Observatório*
Julio Cortázar (Tradução de Davi Arrigucci Jr.)
4. *Xadrez de Estrelas*
Haroldo de Campos
5. *Ka*
Velimir Khlébnikov (Tradução de Aurora F. Bernardini)
6. *Verso Reverso Controverso*
Augusto de Campos
7. *Signantia: Quasi Coelum / Signância: Quase Céu*
Haroldo de Campos
8. *Dostoiévski: Prosa Poesia*
Boris Schnaiderman
9. *Deus e o Diabo no Fausto de Goethe*
Haroldo de Campos
10. *Maiakóvski – Poemas*
Boris Schnaiderman, Augusto e Haroldo de Campos
11. *Osso a Osso*
Vasko Popa (Tradução de Aleksandar Jovanovìc)
12. *O Visto e o Imaginado*
Affonso Ávila
13. *Qohélet / O que Sabe – Poema Sapencial*
Haroldo de Campos
14. *Rimbaud Livre*
Augusto de Campos
15. *Nada Feito Nada*
Frederico Barbosa

16. *Bere'shit – A Cena da Origem*
Haroldo de Campos
17. *Despoesia*
Augusto de Campos
18. *Primeiro Tempo*
Régis Bonvicino
19. *Oriki Orixá*
Antonio Risério
20. *Hopkins: A Beleza Difícil*
Augusto de Campos
21. *Um Encenador de Si Mesmo: Gerald Thomas*
Sílvia Fernandes e J. Guinsburg (orgs.)
22. *Três Tragédias Gregas*
Guilherme de Almeida e Trajano Vieira
23. *2 ou + Corpos no Mesmo Espaço*
Arnaldo Antunes
24. *Crisantempo*
Haroldo de Campos
25. *Bissexto Sentido*
Carlos Ávila
26. *Olho-de-Corvo*
Yi Sánº (Tradução de Yun Jung Im)
27. *A Espreita*
Sebastião Uchôa Leite

Este livro foi impresso na
LIS GRÁFICA E EDITORA LTDA.
Rua Felício Antonio Alves, 370 – Jd. Triunfo – Bonsucesso
CEP 07175-450 – Guarulhos – SP – Fone. (011) 6436-1000
Fax.: (011) 6436-1538 – E-Mail: lisgraf@uninet.com.br